REVISTA | Nr. 1

Predicarea Expozitivă

www.9marks.org | revistarom@9marks.org

Zidind Biserici Sănătoase

ISBN Paperback: 978-1-950396-14-6
ISBN eBook: 978-1-950396-15-3

Design copertă: Enrique Oriolo și Eduardo Vasquez
Traducere: Societatea Misionară Coresi

CUPRINS

4   Fundamentul biblic al predicării expozitive
de Mike Bullmore

6   Predică necreștinului, creștinului și membrului bisericii
de Aaron Menikoff

13   Predică celor neștiutori, celor îndoielnici și păcătoșilor
de Mark Dever

16   Ce este o predică „expozitivă"?

17   Duhul sfânt, rugăciunea și predicarea
de David Helm

20   Teologia biblică și proclamarea Evangheliei
de Jeramie Rinne

24   Impostori expozitivi (versiune extinsă)
de Mike Gilbart-Smith

29   Nu ai aplicații? Atunci nu ai predicat
de Michael Lawrence

33 De ce să predicăm?
de Brad Wheeler

36 Cunoașterea turmei tale este critică pentru predicarea cu folos
de Jared C. Wilson

39 Învață să fii tu însuți în calitate de predicator: de la unul care încă încearcă să facă acest lucru
de Kevin DeYoung

41 S-a schimbat predicarea de la biserica primară încoace?
de Peter Salon

44 Cum să găsești esența unui pasaj
de Robert Kinney

Fundamentul biblic al predicării expozitive

Mike Bullmore

Ce este predicarea expozitivă? O predică este expozitivă atunci când conținutul și intenția sa sunt controlate de conținutul și intenția unui anumit pasaj al Scripturii. Predicatorul spune ceea ce pasajul spune, iar intenția predicii sale este de a împlini în ascultătorii lui exact ceea ce Dumnezeu caută să împlinească prin pasajul acela din Cuvântul Său.

Dragă frate predicator, imaginează-ți cum Dumnezeu stă în adunare atunci când tu predici. Care va fi expresia feței Lui? Va sugera ea, „Ce spui tu aici nu reprezintă deloc ceea ce Eu am vrut să transmit prin acel pasaj"? Sau va spune, „Da, este exact ceea ce Eu am intenționat să transmit"?

Predicarea expozitivă biblică începe cu legătura între darul pe care Hristosul înălțat l-a dat Bisericii prin pastori-învățători (Efes. 4:11) și porunca biblică adresată acestora de a „propovădui Cuvântul" (2Tim. 4:2). Cei care predică, trebuie să predice Biblia.

Probabil că cel mai bun loc pentru a începe să demonstrăm legitimitatea predicării și a predicării Cuvântului este cartea Faptele Apostolilor. În această carte, expresia „Cuvântul lui Dumnezeu" este o prescurtare folosită în mod obișnuit pentru a exprima esența predicării apostolice. De exemplu, în Fapte 6:2, apostolii spun, „Nu este potrivit pentru noi să lăsăm Cuvântul lui Dumnezeu ca să slujim la mese" (v. și F.A. 12:24; 13:5, 46; 17:13; 18:11). Această expresie apare frecvent și sub forma „Cuvântul Domnului" (F.A. 8:25; 13:44; 15:35-36 etc.), dar la fel de des ea este folosită și prin termenul „Cuvântul" (cf. F.A. 4:29; 8:4; 11:9). În cartea Faptele Apostolilor există o asociere clară și consecventă între predicarea apostolică și expresia „Cuvântul lui Dumnezeu".

Deși esența predicării apostolice a constat în Vestea Bună a împăcării cu Dumnezeu, prin Isus Hristos, acel mesaj a fost prezentat și explicat aproape invariabil prin intermediul expunerii Scripturii Vechiului Testament. Astfel, predicarea din vremea Noului Testament a implicat predicarea „Cuvântului lui Dumnezeu", iar o componentă esențială a acestei predicări a constituit expunerea Vechiului Testament. La rândul lui, acest lucru ne conduce la concluzia că Scripturile Vechiului Testament trebuie să fie incluse în ceea ce noi denumim drept „Cuvântul" care trebuie predicat, concluzie confirmată deopotrivă de pretențiile directe (de ex. 2Tim. 3:26; Rom. 3:2) și indirecte (de ex. Rom. 15:4) ale Noului Testament.

Așadar, acest „Cuvânt" este Cuvântul despre Isus, așa cum el a fost anticipat în Vechiul Testament și explicat acum în predicarea apostolilor. Acesta este Cuvântul „vestit" (F.A. 4:29), „predicat" (13:5, NTR) și care trebuie „primit" (17:11) ca fiind „Cuvântul lui Dumnezeu". Și această identificare este menținută de-a lungul epistolelor lui Pavel. Fără ezitare, el denumește mesajul pe care îl propovăduiește drept „Cuvântul lui Dumnezeu" (2Cor. 2:17; 4:2; 1Tes. 2:13) sau, mai simplu, „Cuvântul" (Gal. 6:6).

Confirmarea acestei echivalențe între predicare și predicarea Cuvântului lui Dumnezeu se găsește chiar și în contextul însărcinării lui Timotei de către Pavel să „predice Cuvântul". Timotei avea să știe imediat ce voia Pavel să spună prin acel termen „Cuvântul". După cum subliniază biografia lui Timotei, acesta a inclus cu siguranță în predicarea sa atât „scrierile sfinte", cât și mesajul apostolic – „pe care le-ai învățat și de care ești deplin încredințat, căci știi de la cine le-ai învățat" (2Tim. 3:10-17).

Concluzia pe care trebuie să o tragem din toate acestea este că acest „Cuvânt", pe care noi suntem chemați să îl predicăm, constă din adevărul prezentat în Scripturile Vechiului Testament și din învățătura apostolică cu privire la Hristos – adică Noul Testament. Astfel, echivalarea „Cuvântului" ca fiind Biblia pe care noi o avem este un lucru adecvat. Iar acesta este mesajul pe care cei însărcinați cu slujba de „pastor-învățător" sunt chemați să îl predice. Slujba noastră este să propovăduim „Cuvântul" pe care Dumnezeu l-a spus, l-a păstrat în Scriptură și ni l-a încredințat. Viața spirituală a poporului lui Dumnezeu depinde de acest Cuvânt (Deut. 8:3). Iată de ce orice tânăr pastor este chemat să „ia seama bine la citire, la îndemnare, și la învățătura pe care o dă altora" (1Tim. 4:13). Dacă această însărcinare are vreo aplicabilitate față de noi, cei din vremea aceasta – și are – atunci sursa predicării noastre trebuie să fie toată Biblia.

Dar cum va arăta aceasta în slujire? În pregătirea predicilor noastre, aceasta va însemna să luăm pasaje clare ale Cuvântului lui Dumnezeu și să le studiem cu atenție astfel încât să „împărțim drept Cuvântul adevărului" (2Tim. 2:15). Când ne aflăm la amvon, va trebui să fie ca în imaginea în care îl vedem pe Neemia - „Ei citeau deslușit în cartea Legii lui Dumnezeu, și-i arătau înțelesul, ca să-i facă să înțeleagă ce citiseră" (Neem. 8:8). Dumnezeu a hotărât și a promis deopotrivă să folosească acest fel de predicare pentru a împlini unul din marile Sale scopuri – să Își adune și să Își zidească poporul.

DESPRE AUTOR
Mike Bullmore este pastor senior al CrossWay Community Church din Kenosha, Wisconsin, SUA.

Predică necreștinului, creștinului și membrului bisericii

Aaron Menikoff

Cui trebuie să predice predicatorii? Recent, am luat de pe raftul bibliotecii câteva cărți despre predicare și am descoperit că această întrebare este rareori tratată. Predicatorii par să fie cu mult mai preocupați de îmbunătățirea stilului lor.

Cu toate acestea, există câțiva pastori ce acordă atenție audienței lor și tind să se concentreze pe două categorii de oameni: cei neafiliați bisericii și cei cu valori postmoderniste. James Emery White, președinte al Seminarului Teologic Gordon-Conwell și pastor la Mecklenburg Community Church din Carolina de Nord, spunea cândva că el țintește în mod explicit pe cei necredincioși. Într-un interviu acordat în anul 1999, el exprima aceste lucruri în felul următor:

„Mecklenburg este o biserică concentrată asupra celor aflați în căutarea lui Dumnezeu, care a demarat... focalizându-se pe a ajunge la oamenii neafiliați bisericii. Prin focalizarea pe această categorie de oameni vreau să spun, în mod evident, că *punctele de acces* în biserică sunt gândite pentru oameni necredincioși. Într-un anume mod sau într-o anume formă, putem face pasul înainte atunci când ei sunt în această căutare în mod activ, sau putem încerca să îi ajutăm să devină niște căutători activi după Dumnezeu. Facem asta pentru că nu oricine este neafiliat bisericii este și un căutător după Dumnezeu."[1]

Întrucât predica este unul din aceste „puncte de acces", White s-a modelat pe sine după oameni precum Bill Hybels, Bob Russell și Rick Warren, care s-au distanțat de alți predicatori în abilitatea de a vorbi celor din afara Bisericii.[2]

Un alt grup de autori subliniază importanța predicării celor cu o gândire postmodernă. Fostul pastor Bryan McLaren a spus că reflectarea la aversiunea postmodernă față de teribilism și gândire profundă, alături de înclinația sa față de inventivitate și narațiune, au început să îi afecteze predicarea începând din 2001. Astăzi, inventivitatea și spiritul narativ sunt centrale în predicarea sa.[3]

Aceste două exemple îi alarmează pe unii dintre noi. Când un predicator merge mult prea departe în a se adapta audienței sale, însăși mesajul devine compromis, după cum a fost cazul cu mișcarea bisericilor emergente și cu predicarea adaptată la dorințele aparente ale „căutătorilor" [seeker sensitive – engl.]. Cu toate acestea, predicatorii propovăduiesc oamenilor reali, necredincioși, postmoderni și orice altceva ar mai putea fi. Provocarea este aceea de a ne gândi întrucâtva la toate categoriile de oameni care stau în adunare. Articolul de față este o încercare umilă tocmai cu privire la acest lucru.

Eu le sugerez pastorilor să predice având în minte trei categorii de oameni.

PREDICĂ CELOR NECONVERTIȚI

Întotdeauna este un lucru bun să recunoști pe cei necredincioși aflați duminică în adunare, la predica de dimineață, chiar dacă biserica ta este mică și, în aparență, nu ar fi prezenți necredincioși. Biserica mea nu este mare dar eu încă presupun că unii dintre cei care stau pe scaune nu-L cunosc pe Hristos. Unii dintre ei sunt creștini nominali, care L-ar fi putut mărturisi pe Hristos în trecut și care au fost membrii bisericii ani la rând, dar încă au nevoie de nașterea din nou pentru a trăi o viață creștină reală. Alții sunt necredincioși pe care membrii bisericii noastre i-au invitat la adunare. Alții au intrat în biserică după ce au primit, pe stradă, o invitație cu adresa bisericii, un buletin duminical, au vizitat pagina de internet sau au fost curioși văzând clădirea bisericii. Cu alte cuvinte, este inevitabil ca necredincioșii să calce pragul bisericii.

Dar ce facem mai apoi?
Predică Evanghelia în mod clar

Este responsabilitatea predicatorului să prezinte Evanghelia în mod clar, atunci când deschide Cuvântul lui Dumnezeu înaintea oamenilor. Pavel scria, „Dacă mărturisești deci cu gura ta pe Isus ca Domn, și dacă crezi în inima ta că Dumnezeu L-a înviat din morți, vei fi mântuit. Căci prin credința din inimă se capătă neprihănirea, și prin mărturisirea cu gura se ajunge la mântuire" (Rom. 10:9-10).

Dincolo de orice, noi suntem slujitori ai Evangheliei. Chiar dacă Evanghelia nu trebuie să sune la fel în fiecare predică, totuși, indiferent cum este ea explicată, pastorul trebuie să se întrebe despre pasajul biblic, „Cum îndreaptă el atenția către Evanghelie?" Chiar și necredincioșii pot să recunoască diferența între o predică centrată în Evanghelie și o predică în cazul căreia Evanghelia îi este atașată la final.

Biserica mea are clădirea situată în apropierea unui seminar teologic, așa că avem o mulțime de bărbați care se pregătesc să devină pastori, și care adesea pun întrebarea, „Este nevoie ca Evanghelia să fie prezentă în toate predicile?" Răspunsul este „da" din cel puțin două motive. În primul rând, pentru că Evanghelia are sens în orice pasaj al Scripturii, de la Geneza până la Apocalipsa. În al doilea rând, pentru că cei neconvertiți au nevoie să cunoască ce înseamnă să „mărturisești cu gura ta pe Isus ca Domn, și să crezi în inima ta că Dumnezeu L-a înviat din morți" (Rom. 10:9). (Și creștinii au nevoie să audă aceasta iarăși și iarăși, pentru a crește în credință!) Chiar dacă cel credincios a auzit Evanghelia de o mulțime de ori, Dumnezeu l-a adus înaintea ta astăzi, iar tu ești predicator. De aceea, vrei ca Evanghelia să îi provoace iarăși gândirea cu privire la lume, păcat și mântuire.

Propovăduirea clară a Evangheliei este unul din cele mai importante lucruri pe care le poți face în calitate de pastor.

Predică expozitiv

Pastorii care sunt sensibili la prezența necredincioșilor în adunările lor îi vor sluji cel mai bine prin a predica expozitiv. Necreștinii vor să știe de ce anume credem noi ceea ce credem. Întrucât credința și viața noastră sunt întemeiate pe Cuvântul lui Dumnezeu, cel mai bine îi slujim pe cei necredincioși prin a-i îndrepta cu onestitate, credincioșie și claritate către Scriptură, la fel cum facem cu creștinii.

Există o mișcare în zilele noastre, formată din scriitori și lideri de biserici, care spun că gândirea postmodernă – din biserică sau nu – răspunde cel mai bine la „predicarea narativă". Ei susțin că oamenii vor povestiri. Bine, și mie îmi plac poveștile. Predicarea expozitivă ar trebui să le ofere celor necredincioși istoria biblică, lucru care apoi să le prezinte relatarea cu privire la lucrarea lui Dumnezeu cu omenirea, care să rezoneze cu povestea propriilor lor vieți. Pastorii nu ar trebui să treacă doar prin toată Scriptura atunci când predică expozitiv, ci ei trebuie să o facă având scopul prestabilit de a oferi ascultătorilor lor „imaginea de ansamblu a lui Dumnezeu". Dar aceasta este o predicare concentrată pe dorințele aparente ale „căutătorilor"![4]

Aceeași mișcare spune că gândirea postmodernă prețuiește autenticitatea. Foarte bine, și mie îmi place asta. Ea este o scuză perfectă pentru a predica expozitiv. Dar haideți să ne concentrăm mai puțin pe ambalaj și mai mult pe mesaj: Ce a spus Isus? Ce a profețit Isaia?

Ce a scris Pavel? Și ce anume au în comun cu noi, astăzi, răspunsurile la aceste întrebări? Aceasta este exact ceea ce omul neconvertit dorește, când se ivește în bisericile noastre – adevărul biblic nepoleit. Dacă ei sunt de acord în final cu acel adevăr sau nu, asta este o chestiune care se reglează între ei și Dumnezeu, dar ceea ce noi predicăm nu este un subiect supus negocierii.[5]

Caută-i pe cei neconvertiți

Există câteva lucruri pe care le putem face pentru ca predicile noastre să fie evanghelistice. Identificarea numerelor mari și mici, precum diviziunile în capitole și versete, este de ajutor celor necredincioși. La fel este și să le spunem cum să se folosească de cuprinsul Bibliei. Ce cuvânt mângâietor pentru vizitatorul neconvertit atunci când toate persoanele din jurul lui par să găsească foarte repede cartea lui Obadia!

Introducerile provocatoare ale predicilor pot de asemenea să ajute la construirea unui pod către cel necredincios, prin explicarea relevanței textului care urmează să fie explicat. De exemplu, în ultima duminică de Paști am predicat din Luca 5:33-39, pasaj în care ni se spune despre fariseii care erau șocați că ucenicii lui Isus nu posteau. Isus le răspunde prin observația că oaspeții invitați la nuntă nu postesc atâta vreme cât mirele este prezent, apoi reprezintă pilda privitoare la turnarea vinului nou în burdufuri vechi. Titlul predicii mele a fost „Sunt creștinii mai fericiți?" Această introducere a fost o oportunitate de a explica faptul că bucuria adevărată, trainică, ce schimbă viața, nu se poate găsi decât în prezența Mirelui înviat, Isus Hristos. Au fost creștinii ajutați prin această introducere? Eu sper că da, dar eu am considerat aceste două sau trei minute drept o oportunitate specială de a vorbi celor neconvertiți, care ar putea să aibă nevoie de ceva mai multă călăuzire în a descoperi de ce suntem noi adunați în jurul Cuvântului lui Dumnezeu.

Toate aceste practici „mărunte" au un efect cumulativ asupra congregației. Când credincioșii recunosc faptul că amvonul este prietenos față de cei neconvertiți, ei sunt mai dispuși să își aducă prietenii necreștini la biserică. Este un lucru greșit să ne gândim că a fi centrați pe Evanghelie înseamnă că nu trebuie să căutăm să ne adresăm celor necredincioși.

PREDICĂ CELOR CONVERTIȚI

Oricât de importantă ar fi predicarea față de cei neconvertiți, slujba primordială a predicatorului în Ziua Domnului este aceea de a sluji celor creștini. El este chemat să zidească biserica locală, iar aceasta este chemată să asculte, fiind gata, dornică să se supună lui Hristos, Capul Bisericii. Aceasta este „audiența" noastră principală. De aceea, atunci când îmi pregătesc predica, am în principal în minte pe cei convertiți.

Dar cum ar trebui ca predicatorul să se adreseze creștinilor?

Mustră și corectează pe creștini

Știm de la Ioan faptul că păcatul persistă în viața credinciosului: „Dacă zicem că n-am păcătuit, Îl facem mincinos, și Cuvântul Lui nu este în noi" (1Ioan 1:10). Există un fel de țepușe în acest verset, ca și cum Ioan știa că noi, credincioși, suntem ispitiți să minimizăm păcatul, să exagerăm cu privire la sfințirea noastră și să ne lepădăm de Domnul. Mai mult, Pavel a scris, „Toată Scriptura este însuflată de Dumnezeu și de folos ca să învețe, să mustre, să îndrepte, să dea înțelepciune în neprihănire" (2Tim. 3:16). Astfel, atunci când un pastor predică creștinilor, adevărul Cuvântului lui Dumnezeu va aduce în mod necesar cu el mustrarea și corecția.

Niciun pastor nu vrea să fie cunoscut pentru că lovește în creștini. Dar credincioșia față de Scriptură îi cere să mustre atunci când este timpul potrivit. Acesta este un motiv pentru care chemarea de a predica nu trebuie acceptată cu ușurință. A fi credincios acestei însărcinări cere fiecăruia dintre noi să ne întrebăm cu privire la fiecare text pe care îl predicăm, „Cum mustră sau cercetează acest pasaj pe cel credincios?" Este provocator cu privire la absența rugăciunii, cu privire la idolatrie sau bârfă? Răspunsul poate fi extras din congregația locală a acelui pastor sau din ceea ce este aplicabil tuturor creștinilor. În orice fel, predicarea lipsită de mustrare și corecție nu poate fi o predicare pe deplin biblică.

Susținerea și încurajarea creștinilor

Din fericire, a predica celor convertiți înseamnă mai mult decât mustrare și corecție. Înseamnă și a trudi să susții și să încurajezi pe cei credincioși, prin Cuvântul lui Dumnezeu. Credinciosul este total dependent de Cuvânt. Așa cum Isus a spus, „Omul nu trăiește numai cu pâine, ci cu orice cuvânt care iese din gura lui Dumnezeu" (Matei 4:4; Deut. 8:3). Aceasta înseamnă că, atunci când creștinul vine la ascultarea predicii, el vine pentru a fi hrănit din Cuvântul vieții.

Evident, cel credincios poate fi hrănit din Cuvântul lui Dumnezeu și în decursul altor perioade ale săptămânii, dar predicarea joacă un rol central în hrănirea sa. Priviți la Tit 1:1-3, unde Pavel descrie felul cum viața veșnică este arătată din Cuvântul lui Dumnezeu, prin predicare. Creștinii sunt hrăniți și susținuți prin predici. O întrebare pe care să o punem cu privire la orice text este aceasta: „Cum susține, hrănește sau încurajează acest pasaj pe cel credincios?"

Puține lucruri mă încurajează mai mult în propria lucrare de predicare ca aceasta: biserica este adunată pentru că ei au nevoie de viața care vine prin Cuvântul predicat, nu pentru că au nevoie de mine! Aceasta este însărcinarea pe care ei mi-au dat-o, hrana spirituală pe care m-au pus să le-o pregătesc. Ce privilegiu să fii folosit de Dumnezeu pentru susținerea, hrănirea, zidirea și edificarea poporului Său, prin Cuvântul Lui!

Sfințirea și întărirea creștinilor

Fiul s-a rugat ca toți copiii Tatălui să fie sfințiți și să crească tot mai mult în asemănarea lui Hristos. Isus știa că ucenicii Lui aveau să îndure tot felul de suferințe și batjocuri, pentru că ei primiseră Cuvântul Lui (Ioan 17:14), dar El nu s-a rugat ca ei să fie îndepărtați din această lume. Dimpotrivă, El s-a rugat ca ei să fie sfințiți. Cum ar putea fi creștinii făcuți mai sfinți? Isus s-a rugat, „Sfințește-i prin adevărul Tău: Cuvântul Tău este adevărul" (Ioan 17:17). Mesajul lui Dumnezeu îi va sfinți pe copiii lui Dumnezeu. Creștinii sunt făcuți sfinți prin însușirea și aplicarea Veștii Bune și a întregii Scripturi în viețile lor (cf. 2Tim. 3:17). Un Cuvânt sfânt dă naștere unui popor sfânt.

Desigur, sfințirea este în principal lucrarea lui Dumnezeu. El este Acela care lucrează în viața credinciosului (Filip. 2:13; Evrei 13:20-21) și care face ca el să aibă tot ceea ce are nevoie pentru a-I aduce glorie și cinste lui Dumnezeu. Aceasta este întocmai ce se petrece prin faptul că El îi adună împreună pe sfinți pentru a auzi adevărurile Cuvântului Lui. De aceea, nu este surprinzător că ei sunt îndemnați la „dragoste și fapte bune" (Evrei 10:24).

Predicatorii au oportunitățile glorioase de a fi folosiți în viețile păcătoșilor pentru a-i întări pentru umblarea lor în viața creștină. În Psalmul 1, omul binecuvântat, care își găsește plăcerea în Legea lui Dumnezeu, este asemănat unui copac plantat lângă râuri de apă și care este puternic și roditor. Iar asemănarea aceasta nu este dificil de înțeles. Creștinul este puternic și roditor atunci când este hrănit și își găsește plăcere în Legea Domnului. Predicile au un rol de jucat în călăuzirea creștinului spre a medita la Legea lui Dumnezeu. Chiar dacă predicatorul nu poate face pe un om să fie binecuvântat – din fericire este lucrarea lui Dumnezeu și a Duhului Lui! – El are marele privilegiu de a hrăni poporul lui Dumnezeu prin Cuvântul lui Dumnezeu. Predicatorul poate fi ca acele râuri de apă, care duc cu credincioșie Cuvântul lui Dumnezeu și întăresc copacul săptămână de săptămână, lună de lună și an după an.

Spre deosebire de contabilul care vede bilanțul la sfârșitul lunii sau de directorul care își vede compania trecând pe profit, cine știe dacă predicatorul va vedea vreodată rodul care se naște, viețile care sunt schimbate și inimile care sunt atinse! Cea mai bună lucrare a pastorului nu poate fi măsurată în această lume. Astfel de roade nu pot fi adunate în coșuri. Cu toate acestea, rodul este acolo. Cuvântul predicat al lui Dumnezeu, prin harul Lui, sfințește și întărește pe credincios și îl pregătește pentru propriile lucrări ale harului.

Provocarea și creșterea credincioșilor

Ucenicii au nevoie să crească în înțelegerea și interpretarea Scripturii. Ei tind să fie mult prea nepăsători în digerarea predicilor pe care le primesc, cu mult mai diferiți de acei bereeni din Fapte 17, care cercetau ce se predica pentru a vedea dacă era adevărat. Predicarea expozitivă solidă va provoca pe ucenic, oferindu-i ceva de gândit și cercetat. Criticând predicarea superficială, James W. Alexander spunea cândva, „În aceste predici, găsim multe adevăruri scripturale valoroase, multe ilustrații originale și impresionante, multe argumente solide, îndemnuri puternice și o ungere deosebită. În ele însele, evaluate ca exerciții oratorice la amvon, cu greu pot face obiectul vreunei critici. Totuși, în calitate de explicații ale Scripturii, ele sunt literalmente egale cu zero. Nu clarifică niciuna din dificultățile argumentelor autorilor inspirați. Nu oferă nicio perspectivă cu privire la terenul pe care stau, ci pot fi repetate o viață întreagă fără a avea măcar tendința, în cel mai neînsemnat mod, de a educa o congregație să exerseze obiceiurile interpretării sănătoase."[6]

Predicile care provoacă și cresc pe creștini nu trebuie să fie intelectuale sau greu de înțeles, căci o astfel de predicare ar fi lipsită de credincioșie și fără scop! Totuși, predicile care provoacă și cresc pe creștini sunt predici rostite de oameni care se dedică acelui pasaj. Un pastor care își dedică timp pentru pregătirea predicii aproape că nici nu trebuie să pună întrebarea cu privire la text, „Cum provoacă sau produce acest pasaj creștere în cel credincios?" – atât de profund este pus la lucru Cuvântul lui Dumnezeu pentru împlinirea scopului Lui cu el (Isaia 54:10-11). Efortul predicatorului va aduce roadă pe măsură ce congregația culege roadele străduinței sale.

La biserica mea, noi ne străduim să fim credincioși Scripturii fie că predicăm pe baza câtorva versete sau o întreagă carte în câteva predici, așa cum am făcut recent cu cartea lui Iov. Pentru prima dată în decurs de mai mulți ani, studenții de la colegiu s-au alăturat bisericii pentru că predicarea îi provoacă să crească în credință. Un cuplu în vârstă mi-a spus de curând că le-a plăcut să vină la biserică, pentru că astfel au putut avea discuții spirituale la prânz, în legătură cu predica. Nu cred că cineva ar spune că facem o treabă extraordinară în comunicarea cu lumea, și nimeni n-ar spune că felul în care predic este încântător. Există mult loc de îmbunătățire. Dar, prin harul lui Dumnezeu, noi deschidem Cuvântul lui Dumnezeu, explicându-l, și acest lucru este încântător și ne schimbă viețile.

Creștinii caută predicarea care este credincioasă Scripturii, adică predicarea care include mustrare și corecție, hrană și încurajare, sfințire și putere, provocare și creștere. Acum, că am vorbit despre predicarea față de necredincioși și față de creștini, ar părea un lucru natural să ne oprim. Dar predicatorii trebuie să fie atenți la încă o categorie de oameni: membrii bisericii.

PREDICĂ MEMBRILOR BISERICII CA UNUI TRUP

Pentru majoritatea bisericilor, cel mai mare segment al adunării include bărbați și femei care s-au dedicat ei înșiși acelui loc, acelei slujiri și unul altuia. Ar trebui ca acest lucru să conteze pentru tine, atunci când predici? Eu cred că da.

Pavel a descris adunarea sfinților din Colose drept trupul care „se ține strâns de Capul din care tot trupul, hrănit și bine închegat, cu ajutorul încheieturilor și legăturilor, își primește creșterea pe care i-o dă Dumnezeu" (Col. 2:19). Aceștia nu erau niște simpli ucenici, ci erau ucenici înrădăcinați în biserica din Colose și creșteau cu o creștere care venea de la Dumnezeu. În Coloseni 3:15-16, Pavel a continuat astfel: „Pacea lui Hristos, la care ați fost chemați, ca să alcătuiți un singur trup, să stăpânească în inimile voastre, și fiți recunoscători. Cuvântul lui Hristos să locuiască din belșug în voi în toată înțelepciunea. Învățați-vă și sfătuiți-vă unii pe alții cu psalmi, cu cântări de laudă și cu cântări duhovnicești, cântând lui Dumnezeu cu mulțumire în inima voastră"... Observați că Pavel s-a adresat acestei biserici locale ca unui singur trup și le-a reamintit că ei trebuie să fie uniți prin Cuvântul lui Hristos. Acest lucru avea să se petreacă atunci când ei se adunau împreună pentru a cânta Scriptura și pentru a o auzi predicată.

Pavel nu se adresează aici creștinilor ca unor credincioși individuali, ci în calitate de membri ai unei anumite biserici. Adunarea lor împreună a produs unitate nu pentru că ei se aflau, geografic, apropiați unii de alții, ci datorită faptului că, între ei, Cuvântul lui Hristos a locuit din belșug, atunci când au împărtășit aceeași învățătură și aceeași mustrare. Ei s-au aflat sub aceeași autoritate pentru că L-au recunoscut pe Hristos drept Cap al lor.

Același lucru este adevărat într-o biserică locală din zilele noastre, iar unul din mijloacele prin care unitatea este produsă între membri este predicarea Cuvântului lui Dumnezeu. John Calvin a subliniat acest lucru atunci când a descris lucrarea predicatorului. Predicatorul este acela care aduce unitate în trup. Comentând cu privire la singura nădejde, singurul Domn, singura credință și singurul botez din Efeseni 4, Calvin scria,

„În aceste cuvinte, Pavel arată că lucrarea bărbaților de care Dumnezeu se folosește în rânduiala Bisericii reprezintă o legătură vitală pentru unitatea credincioșilor într-un singur trup... Modalitatea în care Dumnezeu lucrează este aceasta: El distribuie darurile Sale Bisericii în slujitorii Lui și astfel Își manifestă prezența acolo, prin puterea Duhului Său și prevenindu-i de la a fi fără scop și lipsiți de roadă. În acest fel, sfinții sunt înnoiți, iar Trupul lui Hristos este zidit. Astfel, noi creștem în toate lucrurile, în asemănare cu Acela care este Capul, și unul alături de altul. În acest fel, suntem conduși în unitatea lui Hristos și, atâta vreme cât predicarea este înfloritoare, ne bucurăm de slujitorii Lui și nu ajungem să disprețuim învățătura Sa. Oricine încearcă să se depărteze de acest model al ordinii Bisericii sau îl consideră de o mică importanță, complotează ruina ei."[7]

Dar de ce să facem atâta caz în legătură cu membrii bisericii în calitate de trup, câtă vreme atât de multe biserici cresc prin a se preocupa mult mai mult de cei care nu sunt membri? Pentru că Biblia vorbește mult despre acei indivizi care sunt parte din biserica locală, așa cum putem vedea acest lucru din epistolele Noului Testament. Creștinismul a supraviețuit în contextul în care oameni de diferite culturi au răspândit Evanghelia – iar aceasta era biserica. Acest lucru a avut implicații radicale. Așa cum Pavel avea să scrie, „dacă suferă un mădular, toate mădularele suferă împreună cu el; dacă este prețuit un mădular, toate mădularele se bucură împreună cu el" (1Cor. 12:26). Ea este comunitatea de genul „ridicați-vă-mânecile și investiți-vă-în-viețile-altora".

Predicarea biblică ar trebui să trateze în mod regulat pe creștini nu doar ca indivizi, ci ca indivizi care s-au dedicat unul altuia într-un trup local specific. Pune-ți întrebarea cu privire la fiecare text pe care-l predici: „Cum se aplică acest pasaj vieții noastre de comunitate a credinței?" Poate părea ciudat să te adresezi doar membrilor bisericii, dar ce viziune convingătoare cu privire la biserică putem prezenta astfel înaintea celor necredincioși și a acelor creștini care aleg mai degrabă să filtreze cu biserica în loc să se dedice ei în mod real! Atunci când se adresează direct credincioșilor, în calitate de trup, în predicarea sa, pastorul își arată aprecierea pentru acei creștini care s-au alăturat bisericii și, mai important, își demonstrează dragostea față de Cuvântul lui Dumnezeu care îi unește pe membrii bisericii sale.

CONCLUZIE

Meditând la întrebarea, „Cui se adresează predicatorul?", nu pot decât să rezonez cu Peter Adam, vicarul St. Jude's Church din Carlton, Australia, care scria: „Dacă suntem slujitorii lui Dumnezeu și ai lui Hristos, și slujitori ai Cuvântului Lui, atunci chemarea predicatorului este de asemenea aceea de a fi un slujitor al poporului lui Dumnezeu."[8] Da, eu cred că predicatorul trebuie să fie sensibil cu privire la cei necredincioși. Dar dacă țintim doar la aceștia, mesajul poate fi pierdut sau atât de diluat, încât poporul lui Dumnezeu să devină subnutrit. Iar aceasta ar fi o priveliște deloc încântătoare. Este important să predicăm celor necredincioși, dar este mai important să ne concentrăm cu prioritate asupra creștinilor și să ne amintim valoarea care stă în a vorbi în mod regulat acelor credincioși care s-au dedicat bisericii locale.

DESPRE AUTOR

Mike Bullmore este pastor senior al CrossWay Community Church din Kenosha, Wisconsin, SUA.

BIBLIOGRAFIE

1. "Preaching to the Unchurched: An Interview with James Emery White" în *Preaching with Power: Dynamic Insights from Twenty Top Communicators,* ed. Michael Duduit (Grand Rapids, MI: Baker Books, 2006), 227.
2. Ibid., 230.
3. "Preaching to Postmoderns: An Interview with Brian McLaren" în *Preaching with Power: Dynamic Insights from Twenty Top Communicators,* ed. Michael Duduit (Grand Rapids, MI: Baker Books, 2006), 126-27.
4. Pentru aprofundarea acestui subiect, predicatorii expozitivi for considera foarte utile următoarele cărți: *The Symphony of Scripture: Making Sense of the Bible's Many Themes* (1990) by Mark Strom; *God's Big Picture: Tracing the Storyline of the Bible* (2002) de Vaughan Roberts; și *Gospel and Kingdom*, disponibile ca *The Goldsworthy Trilogy* (2000). Aceste tratate de teologie biblică poate ajuta la comunicarea unității Scripturii, atunci când predicați consecutiv din Biblie.
5. A se vedea capitolul lui Mark Dever dedicat predicării expositive din cartea *Nine Marks of a Healthy Church* (Crossway, 2004).
6. J.W. Alexander, *Thoughts on Preaching* (Carlisle, PA: Banner of Truth, Date), 239.
7. John Calvin, *The Institutes of the Christian Religion,* ed. Toney Lane și Hilary Osborne (Grand Rapids, MI: Baker Book House, 1986), 245.
8. Peter Adam, *Speaking God's Words: A Practical Theology of Expository Preaching* (Downers Grove, IL: InterVarsity Press, 1996), 130.

Predică celor neștiutori, celor îndoielnici și păcătoșilor

Mark Dever

Adesea aud această întrebare: „Cum faci aplicație unui text într-o predică expozitivă?"

În spatele acestei întrebări pot exista multe presupuneri chestionabile. Cel care pune întrebarea poate să își amintească predici "expozitive" pe care le-a auzit – sau poate le-a predicat – care nu erau cu nimic diferite de niște lecții biblice de la seminarul teologic – bine structurate și precise, dar demonstrând prea puțină urgență evlavioasă sau înțelepciune pastorală. Aceste predici expozitive nu aveau decât puțină doză de aplicații în ele, dacă era și aceea. Pe de altă parte, cel ce pune întrebarea ar putea, pur și simplu, să nu știe cum să recunoască o aplicație, atunci când o aude.

William Perkins, marele teolog puritan de la Cambridge, din secolul al XVI-lea, își învăța predicatorii să își imagineze diferitele categorii de ascultători și să se gândească la aplicații pentru fiecare – pentru păcătoșii împietriți, pentru persoanele îndoielnice, pentru sfinții împovărați, pentru tinerii entuziaști și așa mai departe.

Sfatul lui Perkins este de mare ajutor, dar, din fericire, noi deja facem acest lucru. Aș vrea să abordez subiectul aplicației întrucâtva diferit: nu doar că există diferite categorii de ascultători, dar există și diferite feluri de aplicații. Atunci când luăm un pasaj al Cuvântului lui Dumnezeu și îl explicăm cu claritate, convingere și chiar simțământul urgenței, există cel puțin trei feluri diferite de aplicații care reflectă trei categorii diferite de probleme cu care oamenii se confruntă în pelerinajul lor creștin. În primul rând, să ne amintim că avem de luptat cu boala ignoranței. În al doilea rând, ne luptăm cu îndoiala, adesea mai mult decât conștientizăm la prima vedere. În al treilea rând, ne luptăm încă cu păcatul – fie că este vorba de acte de neascultare directă, fie de neglijență păcătoasă. În calitate de predicatori, tânjim să vedem schimbări în toate aceste trei aspecte, atât de noi înșine, cât și în ascultătorii noștri, și asta de fiecare dată când predicăm Cuvântul lui Dumnezeu. Și toate cele trei probleme dau naștere unui fel diferit de aplicații legitime.

IGNORANȚA

Ignoranța este o problemă fundamentală într-o lume căzută în păcat. Noi ne-am înstrăinat de Dumnezeu. Ne-am rupt singuri de la părtășia directă cu Cel care este Creatorul nostru. De aceea, nu este surprinzător faptul că informarea oamenilor cu privire la adevărul despre Dumnezeu este în ea însăși un fel puternic de aplicație – și una de care avem nevoie cu disperare.

Dar aceasta nu este o scuză pentru a avea predici reci și lipsite de pasiune. Pot să fiu în fiecare moment la fel de încântat – și chiar mai mult – atunci când fac afirmații indicative ca și atunci când vorbesc despre porunci, care au caracter imperativ. Poruncile Evangheliei de a ne pocăi și a crede nu înseamnă nimic atunci când sunt separate de afirmațiile indicative, descriptive, privitoare la Dumnezeu, la noi înşine şi la Hristos. Informaţia este vitală. Noi suntem chemaţi să predicăm adevărul şi să proclamăm un mesaj măreţ despre Dumnezeu. Vrem ca oamenii care aud mesajele noastre să treacă de la postura de neştiutori la cea de oameni care cunosc adevărul. O astfel de informare care vine din străfundul inimii înseamnă aplicaţie.

ÎNDOIALA

Îndoiala este diferită de ignoranţă. În îndoială, noi luăm idei sau adevăruri care ne sunt familiare şi le punem sub semnul întrebării. Acest fel de chestionare nu este rară printre creştini. În fapt, îndoiala poate fi una dintre cele mai importante probleme, care trebuie explorată cu multă aplecare şi provocată în detaliu în predicarea noastră. Tratarea îndoielii nu este un lucru pe care un predicator să îl adreseze numai faţă de cei necredincioşi, în decursul unor exerciţii minore de apologetică dinaintea convertirii. Unii oameni, care stau şi ascultă predicile săptămână după săptămână, pot să cunoască foarte bine lucrurile pe care predicatorul le menţionează cu privire la Hristos, Dumnezeu, Onisim şi aşa mai departe. Dar ei pot foarte bine să se lupte dacă să creadă sau nu că aceste lucruri sunt adevărate. Uneori, oamenii pot chiar să nu fie conştienţi de îndoielile lor, cu atât mai puţin să fie capabili să le recunoască drept îndoieli.

Dar atunci când noi începem să privim la Scriptură cercetându-ne în profunzime, ne descoperim stând la umbra întrebărilor, incertitudinilor şi ezitărilor, toate acestea făcându-ne, din nefericire, conştienţi de acea cădere gravitaţională în îndoială, care ne atrage, de la distanţă, departe de pe calea pelerinului credincios. Unor astfel de oameni – şi poate chiar unor astfel de părţi ale propriilor noastre inimi – vrem să ne adresăm şi înaintea lor vrem să proclamăm adevărul Cuvântului lui Dumnezeu şi urgenţa de a crede în el. Vrem ca oamenii care ne aud predicile să treacă de la îndoială la credinţa în adevăr din toată inima. O astfel de predicare urgentă cu privire la adevăr, care cercetează inima, înseamnă aplicaţie.

PĂCATUL

Păcatul, la rândul lui, este o problemă în această lume căzută. Ignoranţa şi îndoiala pot fi în ele însele păcate specifice, pot fi rezultatul unor păcate specifice, sau nici una, nici alta. Dar păcatul este cu siguranţă mai mult decât neglijenţă sau îndoială.

Fiţi siguri de faptul că oamenii care vă ascultă predicile au avut luptele lor în ce priveşte neascultarea faţă de Dumnezeu în săptămâna care tocmai a trecut şi aproape sigur se vor lupta cu neascultarea faţă de El în săptămâna care tocmai începe. Păcatele vor fi variate. Unele se vor manifesta prin neascultarea în fapte, altele prin lipsa faptelor. Dar, fie că ele constau în păcate de comitere sau păcate de comitere, păcatele reprezintă neascultare faţă de Dumnezeu.

O parte a predicării constă în provocarea poporului lui Dumnezeu la sfinţenia vieţii care să reflecte sfinţenia lui Dumnezeu însuşi. Aşadar, parte a aplicării pasajului Scripturii înseamnă să extragem implicaţiile acelui pasaj pentru acţiunile noastre în decursul acestei săptămâni. În calitate de predicatori, suntem chemaţi să îndemnăm poporul lui Dumnezeu la ascultare faţă de Cuvântul Lui. Vrem ca ascultătorii noştri să experimenteze schimbarea de la neascultarea păcătoasă la supunerea şi ascultarea cu bucurie faţă de Dumnezeu, conform voii Lui, aşa cum este revelată în Cuvântul Său. Un astfel de îndemn la ascultare înseamnă cu siguranţă aplicaţie.

EVANGHELIA

Evanghelia este principalul mesaj pe care avem nevoie să îl aplicăm de fiecare dată când predicăm. Unii oameni încă nu cunosc Vestea Bună a lui Isus Hristos. Iar unii dintre ei se poate să fi stat sub predicarea noastră o vreme – distraşi sau adormiţi, ori visând cu ochii deschişi, neacordând atenţie mesajului. Ei au nevoie să fie informaţi cu privire la Evanghelie. Au nevoie să li se vorbească.

Alţii se poate să fi auzit, să fi înţeles şi, poate, chiar să fi acceptat adevărul, dar acum se văd ei înşişi în situaţia de a se lupta cu îndoiala, cu privire la înşăşi lucrurile despre care tu vorbești, sau presupui că vorbești, în mesajul tău. Astfel de oameni au nevoie să fie îndemnați să creadă adevărul veștii bune a lui Hristos.

De asemenea, oamenii pot să fi auzit și să fi înțeles mesajul, dar să fie ezitanți în a se pocăi de păcatele lor. Se poate ca ei chiar să accepte adevărul mesajului Evangheliei, dar să nu vrea să renunțe la păcatele lor și să își pună credința în Hristos. Pentru astfel de ascultători, cea mai puternică aplicație pe care o poți face este să îi îndemni să își urască păcatele și să alerge la Hristos. În toate predicile noastre, trebuie să căutăm să aplicăm Evanghelia informând, încurajând și îndemnând.

O provocare comună pe care noi, predicatorii, o avem de înfruntat în aplicarea Cuvântului lui Dumnezeu în predicile noastre este aceea că oamenii care trec prin probleme într-un anume domeniu cred că nu aplici Scriptura în predicarea ta, pentru că nu te referi la problema lor particulară. Au ei dreptate? Nu în mod necesar. Chiar dacă predicarea ta s-ar putea îmbunătăți dacă începi să abordezi orice categorie de probleme mai des sau mai profund, nu este greșit să predici acelora care au nevoie să fie informați sau care au nevoie să fie îndemnați să își abandoneze păcatul, chiar dacă persoana care îți vorbește nu este atât de conștientă de acea nevoie.

Și acum o notă de final. Proverbe 23:12 spune, „Deschide-ți inima la învățătură, și urechile la cuvintele științei". Se pare că, în traducerile de limbă engleză, termenul tradus în Biblie prin „deschide" face referire aproape întotdeauna (poate întotdeauna?) nu la lucrarea predicatorului (așa cum ne învață omiletica), nici măcar cu privire la lucrarea Duhului Sfânt (așa cum, pe bună dreptate, ne învață teologia sistematică), ci la lucrarea aceluia care aude Cuvântul. Noi suntem chemați să aplicăm Cuvântul propriilor noastre inimi și să ne dedicăm noi înșine acestei lucrări.

Aceasta este, probabil, cea mai importantă aplicație pe care o putem face în duminica următoare, spre beneficiul tuturor celor ce fac parte din poporul lui Dumnezeu.

DESPRE AUTOR
Mark Dever este pastor senior la Capitol Hill Baptist Church din Washington DC și președinte al 9Marks. Îl puteți găsi pe Twitter la @MarkDever.

Ce este o predică „expozitivă"?

O predică expozitivă este o predică ce preia principalul subiect al unui pasaj al Scripturii, îl transformă în principala temă a predicii și îl aplică vieții de astăzi.
Cu alte cuvinte, o predică expozitivă explică înțelesul unui pasaj al Scripturii și îi arată relevanța pentru viața aceluia care o aude. Atât.
Aceasta înseamnă că o predică expozitivă:

- Nu are nevoie să se focalizeze doar pe un verset sau două.
- Nu are nevoie să prezinte argumente exegetice complexe sau aspecte istorice nesfârșite.
- Nu trebuie să fie seacă, fără viață sau separată de viețile oamenilor.
- Nu confundă principalul subiect al unui pasaj cu orice aplicație legitimă acelui pasaj (adică, să folosească un verset pentru a spune ceea ce predicatorul vrea să spună).

Mai degrabă, ea ar trebui să preia un pasaj mic, mediu sau mare al Scripturii și să arate cât de important este înțelesul primar al acelui pasaj pentru lumea de astăzi.

Duhul sfânt, rugăciunea și predicarea

David Helm

Am o convingere tot mai mare, și ea este aceasta: că marea nevoie a Bisericii de astăzi constă într-o lucrare proaspătă și durabilă a Duhului Sfânt. Această convingere, cel puțin pentru mine, nu stă pur și simplu în nevoia Bisericii ca Duhul Sfânt să se coboare și să ne revigoreze sau să ne împuternicească. Mai degrabă, această convingere este legată de nevoia noastră ca El să reveleze domnia lui Isus Hristos atât față de noi, cât și pentru noi.

Dacă această convingere începe să îți pătrundă în inimă și în minte, ca și mie, cu o energie și forță nouă, am putea să ne punem următoarea întrebare: „Cum vom ști când a poposit cu adevărat în noi această convingere?" Adică, „Ce anume dovedește faptul că noi am îmbrățișat-o în mod autentic?"

O DEDICARE FAȚĂ DE RUGĂCIUNE

Recent, m-am tot gândit la aceste întrebări și cred că trebuie să existe cel puțin două semne observabile.

În primul rând, această convingere este îmbrățișată atunci când vedem prezentă în noi o dedicare față de rugăciune. Persoana care se roagă „a prins ideea". În fapt, sunt chiar tentat să spun că doar aceia care merg în mod regulat înaintea lui Dumnezeu în rugăciune pot cu adevărat să îmbrățișeze această convingere. Prin rugăciunile lor, ei demonstrează credința că doar Dumnezeu, în și prin lucrarea Duhului Sfânt, este capabil să împlinească lucrarea de regenerare. Dacă am fi oameni care nu ne rugăm, aceasta ar indica faptul că încă am crede că noi putem face acest lucru.

Așadar, dacă am dreptate, adică, dacă rugăciunea este dovada vizibilă a convingerii noastre, atunci cei care doresc ca Dumnezeu să facă o lucrare proaspătă a Evangheliei în zilele noastre vor fi oameni care se roagă.

Interesant este că vedem această legătură dinamică în puncte decisive din Evanghelia după Luca. Cel puțin de patru ori oamenii L-au recunoscut pe Isus pentru cine era El în strânsă legătură cu cineva care se ruga:

- Chiar înainte ca Petru să recunoască faptul că Isus este Hristos, Isus se ruga (Luca 9:18-20).
- Petru, Ioan și Iacov se suie pe munte ca să se roage, moment în care vocea lui Dumnezeu se coboară din cer pentru a revela nu doar cine este Isus, ci și ce trebuie să facă ucenicii Lui în lumina acestui lucru (Luca 9:28-36).
- La botezul Său, Isus se roagă, moment în care cerurile se deschid, Duhul Sfânt se pogoară, și o voce se aude din cer, afirmând că Isus este Fiul lui Dumnezeu (Luca 3:21-22).
- Sfinții aceia bătrâni, Simeon și Ana, L-au recunoscut pe Isus drept Mesia prin lucrarea Duhului Sfânt și în contextul obișnuit al rugăciunilor lor regulate.

Aceste patru ilustrații sunt importante. Iar ele ne sunt date, cred eu, în mod intenționat. Ne învață că, atunci când oamenii vin la Hristos și încep să Îl urmeze, ei procedează astfel prin lucrarea proaspătă și continuă a Duhului Sfânt, și aceasta prin rugăciune.

Atunci când îmbrățișăm în mod autentic convingerea legată de nevoia noastră pentru lucrarea Duhului Sfânt, ne dedicăm lucrării rugăciunii.

O DEDICARE FAȚĂ DE PREDICAREA BIBLICĂ EXPOZITIVĂ

În al doilea rând, când avem o convingere față de nevoia unei lucrări proaspete și continue a Duhului Sfânt, rugăciunea nu este singurul lucru prezent. Ea este însoțită de o dedicare față de predicarea biblică expozitivă.

Pe măsură ce Biserica redescoperă simțământul marii noastre nevoi, oamenii și predicatorii deopotrivă vor fi însetați după o explicare simplă și clară, după o propovăduire de acest fel a Cuvântului lui Dumnezeu. Altfel spus, acela care se dedică rugăciunii este același care se va dedica textului biblic în mod obligatoriu.

DUHUL SFÂNT ȘI PREDICAREA LUCREAZĂ ÎMPREUNĂ

Desigur, sunt conștient că, pentru mulți cititori, relația dintre convingerea noastră cu privire la Duhul Sfânt și predicare nu este înțeleasă imediat. Peste toate acestea, mulți dintre noi am fost făcuți să credem, în mod greșit, că trebuie să alegem între o dedicare față de lucrarea Duhului Sfânt și una față de Cuvântul lui Dumnezeu. Cineva poate să caute "strada credinței", sau "maturitatea spirituală", dar nu le poate căuta pe amândouă în același timp.

Acești învățători ar vrea ca noi să credem că cineva poate merge fie la o "biserică condusă de Duhul" fie la una "centrată în Cuvânt", dar nu le poate avea pe amândouă. Această înțelepciune convențională a fost întipărită în mintea noastră. Dar este un lucru greșit să ne gândim că cineva trebuie să aleagă între relevanța față de vecinii noștri și relevanța față de cei care cred deja.

Ca să fiu direct, sunt plictisit cu totul de această abordare. Am obosit în ce-i privește pe cei care îngrădesc discuția în aceste linii, ca și cum Duhul și Cuvântul s-ar afla în opoziție unul față de celălalt. Această dihotomie este una falsă – și este timpul să învățăm cum să o dăm deoparte.

Ceea ce aș spune eu în schimb este că persoana care recunoaște nevoia Bisericii pentru o lucrare proaspătă și durabilă a Duhului va fi aceeași care se va dedica nu doar rugăciunii, ci și predicării biblice expozitive. Iar acest lucru se datorează faptului că lucrarea Duhului Sfânt a fost dintotdeauna relaționată dinamic și legată de lucrarea Cuvântului.

PRIVIND LA SCRIPTURĂ ÎN CALITATE DE EXEMPLU AL NOSTRU

Ne-ar fi suficient un singur pasaj biblic pentru a ilustra acest punct, chiar dacă multe altele pot fi alese aici. Priviți la Evrei 3, în mod specific versetul 7, care începe în acest fel: "De aceea, cum zice Duhul Sfânt..."

În aceste câteva cuvinte există două surprize minunate. În primul rând, observați că aici se face referire la calitatea de autor a Duhului Sfânt, atunci când citează Psalmul 95. Acest lucru este izbitor, și noi trebuie să îl observăm. El nu spune, "cum zice Biblia", "cum zice psalmistul", sau chiar "cum zice Scriptura". Dimpotrivă, ceea ce este scris e, "cum zice Duhul Sfânt".

Semnificația acestui lucru este importantă: dacă vrei să auzi vocea Duhului Sfânt, o vei descoperi legată în mod dinamic de textele biblice. Adică, Duhul Sfânt este deja prezent în calitate de Autor, prin cuvintele așezate în Scriptură cu multă vreme în urmă. Cred că John Piper a scris cândva ceva de genul, "Dacă vrei să Îl auzi pe Dumnezeu vorbindu-ți astăzi, mergi în camera ta, închide ușa, și citește-ți Biblia cu voce tare". Și sunt de acord. Cuvântul lui Dumnezeu este vocea Duhului Sfânt. De aceea, convingerea noastră că marea nevoie a Bisericii este aceea a unei lucrări proaspete și durabile a Duhului Sfânt, înseamnă, în mod obligatoriu, că trebuie făcută o dedicare egală față de predicarea biblică expozitivă.

Cea de-a doua surpriză care se găsește în Evrei 3:7 este una care ține de gramatică. Verbul din această expresie este la timpul prezent! Textul nostru spune, „Cum zice Duhul Sfânt..." Nu trebuie să ratăm importanța acestui lucru. Psalmul 95, adresat la timpul lui unui popor care trăia într-o vreme foarte diferită, este prezentat drept Cuvântul viu și prezent al lui Dumnezeu pentru ei și pentru cei dintr-o generațiile viitoare – și același lucru este adevărat pentru noi astăzi. Evrei 3:7 stabilește o relație continuă și dinamică între lucrarea actuală a Duhului Sfânt și expunerea Cuvântului lui Dumnezeu.

CONCLUZIE

Despre asta este vorba. Avem nevoie de o convingere față de o lucrare proaspătă a Duhului Sfânt, și vom ști că acea convingere se înrădăcinează în oasele și măduva noastră atunci când ne dedicăm rugăciunii și predicării, și când aceste lucruri sunt prezente.

În ultima vreme, această convingere s-a înrădăcinat mai adânc în sufletul meu, cu forță și vitalitate proaspete. Știu că acest lucru este autentic pentru că rugăciunea și predicarea au efecte practice crescânde în viața mea. Și vreau ca același lucru să fie adevărat și pentru tine.

DESPRE AUTOR
David Helm este unul din pastorii Holy Trinity Church din Chicago și coordonator al Charles Simeon Trust.

Teologia biblică și proclamarea Evangheliei

Jeramie Rinne

Poate fi predicarea expozitivă consecvent evanghelistică?

Uneori, predicatorii sunt ezitanți în predicarea expozitivă a cărților Bibliei, pentru că ei suspectează că o astfel de abordare este bună pentru a învăța teologie pe creștinii maturi, dar este rea în a-i ajuta pe necredincioși să înțeleagă Evanghelia.

Această îngrijorare crește atunci când pastorii se gândesc să predice dintr-o carte întreagă din Vechiul Testament. Cum ar putea să prezinte clar Evanghelia, duminică de duminică, un studiu din viața lui Avraam sau o serie de predici din cartea Hagai? Va trebui cumva ca, la sfârșitul predicii, să dăm drumul pur și simplu unei scurte prezentări evanghelistice? „Pentru prietenii necreștini care se află astăzi printre noi, mi-ar place să sfârșesc acest mesaj despre circumcizia lui Avraam prin vă vorbi despre cum puteți primi darul fără plată al vieții veșnice". Apoi îi dai înainte cu chemarea la altar.

Din fericire, există o altă cale, mai naturală, de a proclama Evanghelia cu credincioșie, duminică de duminică, chiar și din Vechiul Testament. Aceasta presupune să folosești teologia biblică.

MAREA ISTORIE

Ce este teologia biblică? Am putea s-o definim drept studiul istoriei generale a Bibliei. Împreună, cele 66 de cărți ale Bibliei ne prezintă o singură narațiune a misiunii lui Dumnezeu de a mântui un popor și de a-Și stabili o Împărăție spre gloria Sa, prin moartea și învierea lui Isus Hristos. Vechiul Testament pregătește scena și ne conduce către Isus. Evangheliile ni-L descoperă pe El și lucrarea Lui. Restul Noului Testament ne prezintă implicațiile morții și învierii lui Isus, pe tot parcursul lui, până când Dumnezeu Își împlinește misiunea. Cu cât înțelegem mai bine acest plan complet, cu atât mai mult putem arăta cum textul din care predicăm se relaționează cu Evanghelia.

Predicarea unui pasaj al Scripturii însoțită de conștiența cu privire la teologia biblică este ca și cum am fi conștienți de toate lucrurile importante de la un meci de baschet. Jucătorii de baschet buni nu se focalizează doar pe driblarea mingii până când ea ajunge în coș. Ei sunt conștienți de localizarea coechipierilor și a apărătorilor de pe acel teren, ca și de cursul general al jocului. În mod asemănător, expoziția bună a Bibliei nu va furniza doar un comentariu fluid asupra versetelor în cauză. Va avea și un simțământ al contextului, asupra lucrurilor care se petrec înainte și după text, și asupra felului cum toate acestea se relaționează la progresia generală a istoriei lui Dumnezeu.

TEOLOGIA BIBLICĂ ÎN ACȚIUNE

Haideți să privim la câteva strategii ale teologiei biblice pe care le putem folosi cu scopul de a conecta pasajul nostru specific la istoria generală a Bibliei, istoria Evangheliei. Ați putea să vă gândiți la aceste strategii ca la niște căi posibile care să ne ducă de la textul nostru la Evanghelie, ca niște rute pe harta care ne ghidează de la locul unde ne aflăm la destinația dorită.

1. Promisiunea și Împlinirea

Vom începe cu cea mai simplă și mai directă rută către Evanghelie. În promisiune și împlinire, textul pe care îl studiezi conține o profeție sau promisiune care este împlinită în mod explicit într-un anume aspect al Evangheliei. Promisiunea și împlinirea reprezintă rodul de la bază al teologiei biblice: este ușor de văzut și de cules.

Așa că, dacă predici din profeția lui Mica privitoare la un Stăpân care va ieși din Betleem (Mica 5:2), poți foarte ușor să inviți congregația să deschidă la Matei 2:6 pentru a vedea cum această profeție este împlinită în nașterea lui Isus. Sau, dacă te-ai hotărât să predici din viața lui Avraam, la un anume punct ar trebui să faci legătura între promisiunea lui Dumnezeu de a binecuvânta „sămânța" lui Avraam (Gen. 12:7; 13:15; 17:8; 24:7) și împlinirea ei în Isus (Gal. 3:16).

În afară de a ne oferi modalități evidente pentru a ajunge la Evanghelie, abordarea de tip promisiune și împlinire ne arată în același timp felul cum autorii Noului Testament au interpretat Vechiul Testament în lumina Evangheliei. Cu cât învățăm mai bine să citim Biblia prin lentilele prin care apostolii interpretau textul, cu atât mai bine vom ajunge la Evanghelie din alte pasaje, chiar și în cazul acelora fără împlinire explicită în Isus.

2. Simbolismul

Simbolismul este asemănător promisiunii și împlinirii, cu excepția faptului că, în loc să avem de-a face cu o profeție concretă împlinită în Isus, vedem evenimente, instituții sau persoane care sunt umbre ale lui Isus și ale Evangheliei. Ai putea să te gândești la simbolism ca la o profesie neexprimată verbal în acest fel.

Să luăm exemplul templului din Ierusalim. El a jucat un rol central în Vechiul Testament, fiind locul prezenței salvatoare și de guvernare a lui Dumnezeu, în mijlocul poporului Său. Dar templul, în ultimă instanță, îndrepta privirile tuturor către Isus. Isus a șocat mulțimile atunci când a stat în templu și a spus, „Stricați Templul acesta, și în trei zile îl voi ridica" (Ioan 2:19). Se gândeau că Isus se referea la clădirea fizică, dar „El le vorbea despre Templul trupului Său" (Ioan 2:21). Asemenea templului, Isus era și este prezența fizică a lui Dumnezeu în mijlocul poporului Său, peste care să domnească și pe care să îi mântuiască. Aceasta este și motivul pentru care apostolii au identificat în mod repetat Biserica, pe cei care sunt în Hristos drept templul Duhului Sfânt (ex. 1Cor. 3:16-17; Efes. 2:19-22; 1Petru 2:5).

În lumina acestui fapt, haideți să spunem că ați predica expozitiv din Psalmul 122, care ne vorbește despre bucuria de a merge la templul lui Dumnezeu, în Ierusalim: „Mă bucur când mi se zice; ,Haidem la Casa Domnului!'" (Ps. 122:1). Puteți folosi aici simbolismul templului pentru a-i ajuta pe oameni, chiar și pe cei necredincioși, să vadă bucuria mult mai mare de a merge la Isus, prin credință.

Noul Testament este plin de astfel de simboluri ale lui Isus și ale lucrării Sale. Apostolii L-au văzut pe Isus drept ultimul Adam, adevăratul Miel de Paști, noul Moise, Jertfa deplină de ispășire, Marele Preot, Împăratul uns (Mesia) din linia genealogică a lui David, adevăratul Israel, și așa mai departe. Aceste rute bine bătătorite pot să te conducă cu credincioșie de la multe locuri din Scriptură la Isus și la lucrarea Lui mântuitoare.

3. Temele biblice

Folosesc termenul „teme" pentru a descrie subiectele sau imaginile recurente din istoria biblică și care nu ne îndreaptă direct la Isus în felul în care simbolismul o face. Totuși, aceste teme sau subiecte biblice sunt integral conectate la Evanghelie și ne pot ajuta să plasăm textul nostru în desfășurarea istoriei biblice.

O temă biblică clasică este creația. Biblia începe cu „La început, Dumnezeu a făcut cerurile și pământul". Dumnezeu a produs ordine în acel haos, i-a creat pe Adam și Eva după chipul Său, și le-a poruncit să stăpânească peste creație, umplând lumea cu urmașii lor, și totul spre gloria lui Dumnezeu. În mod tragic, Adam și Eva au eșuat în a-și împlini chemarea și s-au răzvrătit împotriva lui Dumnezeu.

Dar Dumnezeu avea un plan de răscumpărare a creației Sale. De-a lungul Vechiului Testament, observăm în mod repetat „creația cum este re-începută", evenimente în care Dumnezeu, prin har, o ia de la capăt cu poporul Său, și cum noul început este descris folosind imaginea creației și limbajul acesteia. Aceste reiterări ale creației îl includ pe Noe și familia sa după potop, includ exodul poporului Israel din Egipt și intrarea acestuia în țara promisă, întemeierea unei împărății edenice pe vremea lui Solomon, și chiar întoarcerea evreilor din captivitatea babiloniană. Totuși, în fiecare din aceste situații, planul pare să eșueze. Omenirea s-a răzvrătit din nou. Adam se împiedică iarăși și iarăși. Pe bună dreptate, s-ar putea pune întrebarea, „Va ajunge vreodată la bun sfârșit vreuna din aceste iterații adamice?"

Da – ultimul Adam, Isus Hristos, a împlinit în mod perfect voia Tatălui. Învierea lui Isus și mântuirea poporului Său au lansat adevărata nouă creație. Și ea a continuat să crească până astăzi. Isus Și-a trimis poporul mântuit să supună pământul și să-l umple cu fii și fiice ale lui Dumnezeu, prin mesajul Evangheliei. Și cândva, această lucrare va culmina în pământul nou și cerurile noi, cu mult mai mărețe și mai glorioase decât originalul.

Poți vedea cum a fi capabil să folosești subiectul creației formează un cadru pentru deplasarea naturală de la multe texte la punctul de turnură al noii creații, anume moartea și învierea lui Isus? Există multe alte fire tematice care țes împreună istoria biblică, precum legămintele, Exodul, Ziua Domnului și Împărăția lui Dumnezeu.

4. Predicarea etică

Dar ce se întâmplă dacă încerci să predici din Proverbe sau din Cele 10 Porunci? Ce-ar fi dacă ai încerca, cu totul nebunește, să faci o predicare expozitivă evanghelistică din Levitic? Ar părea că acele pasaje sunt mai bune pentru a predica niște „așa da" și „așa nu" ale trăirii creștine mature, decât să arate oamenilor nemântuiți ce a făcut Isus astfel încât ei să poată deveni creștini.

Din nou, teologia biblică cartografiază o cale prin care să ajungem de la Lege la Evanghelie. Putem citi poruncile morale specifice în interiorul cursului istoriei biblice în cel puțin trei modalități. Mai întâi, legile și aspectele etice ale Bibliei ne conduc la Isus prin a ne arăta păcatul nostru și nevoia unui Mântuitor. Așa cum s-a spus adesea, poruncile lui Dumnezeu acționează ca o oglindă, confruntându-ne cu imperfecțiunile noastre morale. Citind istoria Israelului, o istorie de colaps moral cronic, vedem istoria omenirii și a vieților noastre. „Căci nimeni nu va fi socotit neprihănit înaintea Lui, prin faptele Legii, deoarece prin Lege vine cunoștința deplină a păcatului" (Rom. 3:20).

În al doilea rând, poruncile morale ale Bibliei ne îndreaptă către Isus, care este singurul ce le-a împlinit într-un mod perfect. El nu a venit să distrugă Legea lui Dumnezeu, ci să o împlinească în orice modalitate imaginabilă (Matei 5:17). Toți ceilalți fii ai lui Dumnezeu (Adam, Israel, împărații Israelului) – au fost fii risipitori. Doar Isus a fost plăcut Tatălui. Astfel, vedem că poruncile etice ale Bibliei ne descoperă în ultimă instanță caracterul lui Isus însuși.

În al treilea rând, bazându-ne pe puterea învierii lui Isus și pe lucrarea Duhului Său în noi, putem să păzim acum legile lui Dumnezeu ca niște fiice și fii ascultători. Isus ne-a salvat de sub puterea păcatului, „pentru ca porunca Legii să fie împlinită în noi, care trăim nu după îndemnurile firii pământești, ci după îndemnurile Duhului" (Rom. 8:4).

Așadar, imaginează-te predicând din Proverbe 10:17: „Cine își aduce aminte de certare apucă pe calea vieții; dar cel ce uită mustrarea apucă pe căi greșite". Urmând contururile teologiei biblice, nu te vei rezuma doar la oferi un mesaj de 30 de minute asupra a cum să fim mai buni. Ai putea de asemenea să arăți cum eșuăm în ce privește bunătatea și cum excelăm în cruzime și răutate în modalitățile cele mai subtile. Apoi vei îndrepta oamenii către întruchiparea bunătății în Isus, în special faptul că El Și-a dat viața pentru păcătoși. Iar în final, vei conecta acel har plin de bunătate al lui Isus la noi ca și cum ar fi combustibilul pentru propria noastră transformare, prin Duhul Sfânt.

5. Soluția la puzzle

Atunci când începem să simțim cursul teologiei biblice, vom vedea de asemenea felul cum Evanghelia rezolvă adesea dilemele Vechiului Testament. Cum ar fi putut Dumnezeu să Își împlinească promisiunile făcute lui David odată ce Iuda a ajuns în exil și nu a mai existat niciun rege la Ierusalim? Dacă jertfele la templu ștergeau păcatul, atunci de ce a mai judecat Dumnezeu poporul Israel? Vechiul Testament vorbește adesea despre binecuvântările lui Dumnezeu pentru cei neprihăniți și despre judecata celor răi. Așadar, de ce am vedea noi lucrurile pe dos?

Am putea spune mai multe lucruri aici dar, pentru moment, este suficient să afirmăm că, atunci când întâlnești o dilemă biblică, ia aminte la felul cum Evanghelia lui Isus ar putea să rezolve acel mister. Ca într-o măreață nuvelă, Vechiul Testament pune la cale situații tensionate pe care Isus, Eroul, le rezolvă.

„EȘTI AICI"

Atunci când folosim teologia biblică pentru a practica acest fel de predicare expozitivă, centrată în Evanghelie, ceva extraordinar se petrece cu cei necredincioși. Nu doar că ei sunt confruntați cu păcatul lor, introduși în învățătura lui Isus și chemați la pocăință și credință, săptămână de săptămână. Mai mult, ei încep să se și localizeze singuri în șirul istoric al lucrării lui Dumnezeu. Evanghelia nu este o simplă metaforă sau o idee pe care suntem liberi să o folosim sau să o lepădăm, în funcție de cât de bine „funcționează în cazul lor". Mai degrabă relatarea biblică despre Isus reprezintă o forță istorică înrădăcinată în trecut, continuându-se în prezent și dominând veșnicia. Dumnezeul care a acționat în lumea biblică este la lucru în această lume și astăzi, pentru că este aceeași lume, aceeași istorie, aceeași relatare.

DESPRE AUTOR

Jeramie Rinne este scriitor și pastor senior la South Shore Baptist Church din Hingham, Massachusetts, SUA.

Impostori expozitivi (versiune extinsă)

Mike Gilbart-Smith

Mark Dever descria în mod corect predicarea expozitivă ca fiind „predicarea care preia drept punct esențial al unei predici ideea unui anumit pasaj al Scripturii".

Însă am auzit (și am predicat!) mesaje care intenționează să fie expozitive dar, cumva, eșuează. În cele ce urmează intenționez să identific 12 astfel de situații: cinci dintre ele nu fac din mesajul versetelor mesajul predicii și astfel abuzează textul; cinci eșuează să facă legătura între pasajul biblic și congregație, și două ratează să recunoască faptul că predicarea este, în ultimă instanță, lucrarea lui Dumnezeu.

La origine, niciuna din aceste observații nu îmi aparține. Pe multe dintre ele le-am învățat la Eden Baptist Church în Cambridge, la mijlocul anilor '90. Pe altele le-am cules între timp. De la momentul când am scris un articol asemănător, în urmă cu mai mulți ani, am adăugat unele lucruri care mi-au fost sugerate de anumite persoane. Sunt sigur că poți să te gândești și la altele.

IMPOSTORI CARE EȘUEAZĂ SĂ VADĂ TEXTUL BIBLIC

1) „Predica fără fundament": textul este înțeles greșit

În acest caz, predicatorul spune lucruri care pot fi adevărate, dar ele nu izvorăsc în niciun fel dintr-o interpretare corectă a pasajului. El este nepăsător atât în ce privește *conținutul* textului (de exemplu o predică despre „producția, motivația și inspirația" menționate în versiunea NIV a versetului din 1Tesaloniceni 1:3 [și parțial în BVA în română - n.trad.], deși niciunul din aceste cuvinte are vreun paralel în limba greacă) cât și în ce privește *contextul* (de exemplu, predica despre David și Goliat, care e urmată de întrebarea, „Cine este Goliatul tău, și care sunt cele cinci pietre netede de care ai nevoie pentru a fi pregătit să le folosești împotriva lui?"). Dacă un predicator nu este profund preocupat să descopere adevărul Cuvântului lui Dumnezeu pentru a stabili mesajul predicilor sale, el va fi cel mai probabil dirijat de propriile sale idei, nu de cele ale lui Dumnezeu.

2) „Predica trambulină": punctul central al textului este ignorat

În strânsă legătură cu aceasta este predica în care mesagerul devine concentrat pe un lucru care, în realitate, reprezintă o implicație secundară a textului, nu punctul ei central. Imaginează-ți o predică asupra textului din Ioan 2, care descrie nunta din Cana, dar care se concentrează pe libertatea creștinului de a consuma alcool, și nu spune nimic în legătură cu descoperirea slavei noului legământ al lui Hristos prin semnul schimbării apei în vin de către Isus.

Unul din marile avantaje ale predicării expozitive secvențiale [adică să predice verset cu verset, trecând prin tot textul unei cărți - n.trad.]

este că predicatorul e „forțat" să vorbească despre subiecte pe care altfel le-ar evita, și să dea greutate potrivită acelor teme pe care altfel le-ar fi supraevaluat. Un predicator care are mesaje „neîntemeiate" sau de tip „trambulină" poate, fără să își dea seama, să rateze ambele dezavantaje, iar agenda lui Dumnezeu să ajungă astfel să fie redusă la tăcere sau pusă deoparte.

3) „Predica doctrinară": bogăția textului este ignorată

Dumnezeu ne-a vorbit în mod intenționat „în multe feluri" (Evrei 1:1). Mult prea multe piedici ignoră genul literar al unui pasaj și predică din textele narative, poetice, epistolare și apocaliptice în mod absolut asemănător, ca și cum ar avea de-a face cu o serie de afirmații simple, declarative. Chiar dacă toate predicile trebuie să aibă adevăruri declarative, ele nu trebuie reduse la acestea. Contextul literar al pasajelor ar trebui să facă așa încât o predică din Cântarea Cântărilor să sune diferit de una din Efeseni 5. Pasajul poate să aibă același punct central, dar el este prezentat într-o modalitate diferită. Diversitatea Scripturii nu ar trebui aplatizată în predicare, ci ea trebuie prețuită și folosită într-o modalitate care să fie sensibilă la genul literar. Genul narativ ar trebui să ne ajute să empatizăm, cel poetic ar trebui să ne stârnească și să ne înalțe răspunsul emoțional, iar textele apocaliptice și profetice ar trebui să ne provoace uimirea.

4) „Predica de tip scurtătură": textul biblic este rareori menționat

Fiind opusul predicii exegetice, acest fel de predicare nu demonstrează niciun fel de străduință exegetică. Chiar dacă Domnul Și-a stabilit agenda prin Cuvântul Său, doar predicatorul este pe deplin conștient de acest fapt. Congregația poate foarte bine să sfârșească spunând, „ce predică minunată", în loc să spună „ce pasaj minunat al Scripturii".

Haideți să continuăm să încurajăm adunările noastre să audă vocea lui Dumnezeu, nu doar vocile noastre, îndreptându-le mereu privirile înapoi la textul Scripturii, și spunându-le mai degrabă, „Iată ce vrea Dumnezeu să spună în versetul 5" decât „Ascultați cu atenție ce vă spun acum".

5) „Predica fără Hristos": mesajul Îl exclude pe Mântuitor

Isus i-a mustrat pe farisei astfel: „[voi] cercetați Scripturile, pentru că socotiți că în ele aveți viața veșnică, dar tocmai ele mărturisesc despre Mine. Și nu vreți să veniți la Mine, ca să aveți viața!" (Ioan 5:39-40). Dar cât de trist este ca până și noi, care am venit la Isus pentru a avea viața, să ajungem să adunăm o întreagă congregație pentru studiul unui pasaj al Scripturii, și totuși să refuzăm să o facem să vadă ce are de spus acel pasaj despre Hristos, transformând pasajele Vechiului Testament în predici moralizatoare, fără Hristos, și predicând mesaje fără Evanghelie chiar din textele Evangheliilor. Imaginați-vă oroarea unei predici din narațiunea legată de evenimentele din Grădina Ghetsimani care s-ar concentra pe oferirea unei lecții despre cum să tratăm stresul din viețile noastre.

Dacă ne-am imagina Cuvântul lui Dumnezeu ca o roată uriașă, atunci butucul este Hristos iar axa este Evanghelia. Nu am predicat cu credincioșie niciun pasaj al Scripturii până când nu ne-am străduit să mișcăm spițele așa încât ele să pună în mișcare butucul, și până când nu am comunicat ceea ce pasajul spune despre Hristos și despre felul cum el este relaționat la Evanghelie.

IMPOSTORI CARE EȘUEAZĂ SĂ VADĂ CONGREGAȚIA

6) „Predica exegetică": textul rămâne fără aplicații

Dacă „predica fără fundament" ratează în totalitate textul, „predica exegetică" ratează totalmente congregația. Anumite predici asupra cărora se face pretenția că sunt expozitive sunt respinse de audiență drept plictisitoare și irelevante... și pe bună dreptate! Oamenii ar putea foarte bine să citească un text asemănător dintr-un comentariu exegetic. Orice s-a spus în legătură cu acel pasaj este adevărat, dar aceasta nu înseamnă predicare autentică, ci este ca o simplă lecție de la facultate. Multe lucruri pot fi învățate în legătură cu felul în care Pavel s-a folosit de genitivul absolut, dar puține lucruri învățăm astfel cu privire la caracterul lui Dumnezeu sau natura inimii omului. În mintea celor din adunare nu există nicio aplicație în niciun aspect. Adevărata predicare expozitivă va informa, evident, mintea, dar ea va încălzi și inima și va constrânge voința.

O dietă regulată a predicării exegetice îi va face pe oameni să simtă că doar predicarea anumitor subiecte poate fi relevantă, și va influența citirea Bibliei în viața privată care presupune că putem citi Cuvântul lui Dumnezeu cu credincioșie și totuși să rămânem neprovocați și neschimbați.

7) „Predica irelevantă": textul este aplicat unei alte congregații

Mult prea multe predici se manifestă azi într-un fel mândru în adunare, prin a arunca cu pietre peste zid, în grădinile altora. Fie esența pasajului este aplicată doar celor necredincioși, sugerând faptul că textul biblic nu are nimic de spus bisericii, fie este aplicată problemelor care sunt rareori întâlnite în congregația căreia i se predică.

Astfel, acea adunare începe să se mândrească și, ca și fariseul din pilda lui Isus, sfârșește mulțumitoare pentru faptul că ei nu sunt ca ceilalți. Răspunsul adunării nu constă în credință și pocăință, ci „O, dacă doamna Smith ar auzi această predică!" sau „Biserica metodistă de peste drum ar fi trebuit cu adevărat să aibă parte de această predică!"

O astfel de predicare va crește o congregație în auto-neprihănire, nu în evlavie.

8) „Predica personală": textul este aplicat doar predicatorului

Este ușor pentru un predicator să se gândească doar la felul cum un pasaj biblic se aplică propriei persoane, apoi să predice adunării ca și cum congregația s-ar afla în întregime în aceeași situație cu a lui. Pentru mine, este cu certitudine cel mai ușor să observ cum se aplică un pasaj al Scripturii unui bărbat englez alb, în vârstă de circa 40 de ani, cu soție și șase copii, care lucrează ca pastor al unei mici congregații din partea de vest a Londrei. Acest lucru poate suna minunat pentru timpul personal de meditație, dar nu va fi de mare folos bisericii mele, întrucât nimeni nu se potrivește acestei situații.

Care sunt implicațiile textului pentru un tânăr sau pentru o mamă singură? Dar pentru femeia care a trecut de 40 de ani și care tânjește să se căsătorească? Dar pentru acel emigrant? Dar pentru cel fără serviciu, pentru ateul care tocmai ne-a vizitat, ori pentru acel musulman? Dar pentru congregație în întregime, pentru șoferul de autobuz, pentru funcționarul de la primărie, studentul de facultate sau acea mamă casnică?

Predica personală poate să determine adunarea să se gândească că Biblia este relevantă doar creștinilor „profesioniști" și că singura vocație validă pentru viețile lor ar fi să lucreze cu normă întreagă pentru biserică sau o altă organizație creștină. Ea poate determina congregația să-și idolatrizeze pastorul și să își trăiască viețile creștine prin intermediul lui. Aceasta îi fură congregației posibilitatea de a vedea cum să aplice Cuvântul lui Dumnezeu oricărui aspect din viețile lor și cum să îl comunice acelora ale căror vieți sunt destul de diferite de ale lor.

9) „Predica ipocrită": textul este aplicat tuturor, cu excepția predicatorului

Eroarea opusă „predicii personale" este predica în care mesagerul este considerat ca acela care învață pe ceilalți

Cuvântul, dar el nu trăiește în practică ce înseamnă să te afli sub autoritatea Cuvântului.

Există momente când predicatorul trebuie să spună „voi" și nu „noi". Dar un predicator care întotdeauna spune „voi" și niciodată „noi", nu oferă modelul asupra felului în care el este doar o portavoce a Marelui Păstor, și care, înainte de toate, nu este decât una din oi care, ea însăși, trebuie să audă vocea Marelui Păstor, trebuie să-L cunoască și să-L urmeze, punându-și credința în El în ce privește viața și siguranța sa veșnică.

Un predicator care vorbește în felul acesta poate să facă eroarea exact opusă celei în care congregația trăiește prin pastorul ei: el va trăi prin congregația lui. El va presupune că ucenicia lui este în întregime legată de lucrarea sa și va sfârși prin a nu umbla ca un ucenic aflat sub autoritatea Cuvântului lui Dumnezeu, ci ca unul care îi pune pe alții sub autoritatea unui Cuvânt față de care el rămâne la distanță.

10) „Predica nepotrivită": esența pasajului este aplicată greșit congregației de față

Uneori distanța hermeneutică între pasajul original și congregația care aude predica poate fi înțeleasă greșit, astfel încât aplicația făcută la contextul original este transferată direct și în mod greșit contextului prezent. Astfel, dacă predicatorul nu are o teologie biblică corectă cu privire la închinare, pasaje legate de detaliile vechi-testamentare ale templului pot să fie aplicate în mod greșit clădirilor bisericii din Noul Testament, în loc ca acestea să fie prezentate ca fiind împlinite în Hristos și poporul Său. Predicatorii evangheliei prosperității ar putea să pretindă că promisiunile de binecuvântări materiale date Israelului credincios din vechiul legământ se aplică în mod egal poporului noului legământ al lui Dumnezeu.

IMPOSTORI CARE EȘUEAZĂ SĂ ÎL VADĂ PE DOMNUL

Lecțiile de predicare adesea se referă la două orizonturi ale acesteia: textul biblic și congregația. Dar predicatorii creștini trebuie să recunoască faptul că, în spatele amândurora, stă Domnul, care a inspirat textul și care este la lucru în congregație.

11) „Predica fără viață": esența pasajului este vorbită, nu predicată

Este posibil să avem de-a face cu un predicator care înțelege foarte bine pasajul și care vorbește despre implicațiile lui pentru congregația prezentă într-o modalitate competentă și chiar profundă. Și totuși, predicatorul își rostește mesajul ca și cum ar citi dintr-o carte de telefoane. Nu există niciun simțământ că, atunci când el prezintă mesajul Cuvântului lui Dumnezeu, Dumnezeu Însuși comunică poporului Său. Atunci când predicatorul eșuează să recunoască faptul că Dumnezeu Însuși, prin Cuvântul Lui, este Cel care pledează, încurajează, mustră, instruiește, îndeamnă, cioplește și rafinează poporul Său, prin aplicarea de către Duhul a acelui Cuvânt, adesea nu va exista niciun fel de pasiune, reverență, solemnitate, nicio bucurie evidentă, niciun simț al lacrimilor întristării – ci doar cuvinte.

12) „Predica fără putere": mesajul textului este predicat fără rugăciune

Uneori atât de mult timp este dedicat studiului pasajului și creionării predicii, încât rămâne foarte puțină vreme pentru rugăciune, pentru a cere fie înțelegerea corectă, fie aplicațiile adecvate ale textului.

Predicatorul care se străduiește din greu dar se roagă puțin, se încrede mai mult în propria persoană decât în Domnul. Aceasta este probabil una din cele mai mari ispite în care poate să cadă un predicator expozitiv, și ea este cu atât mai mare cu cât congregația este mai capabilă să discearnă și să identifice exegeza falsă sau aplicațiile inadecvate. Dar diferența pe care rugăciunile predicatorului au făcut-o în ceea ce priveşte impactul mesajului său va fi clară doar Domnului şi se va vedea doar în ziua când toate lucrurile vor fi date pe faţă. Aşteptarea Domnului şi prevederea eternităţii trebuie să fie în ultimă instanţă mai importante pentru predicator. În fapt, lui trebuie să îi pese cu adevărat doar de pasajul său şi de congregaţie pentru că Domnul şi veşnicia sunt invizibile, dar de importanţă infinită.

CONCLUZIE

Predicarea expozitivă este foarte importantă pentru sănătatea bisericii, pentru că ea permite ca întreg sfatul lui Dumnezeu să fie aplicat întregii Biserici a lui Dumnezeu. Fie ca Domnul să echipeze în aşa fel pe predicatorii Cuvântului Său, încât vocea Lui să se facă auzită şi să fie ascultată.

DESPRE AUTOR

Mike Gilbart-Smith este pastor la Twynholm Baptist Church din Fulham, Anglia. Îl puteţi găsi pe Twitter la @MGilbartSmith.

Nota editorului: acest articol reprezintă o versiune revizuită şi extinsă a unui articol pe care Mike l-a scris cu mai mulţi ani în urmă.

Nu ai aplicații? Atunci nu ai predicat

Michael Lawrence

Ai stat vreodată într-o sală de clasă gândindu-te care este sensul unei lecții? Eu îmi amintesc în mod special acel sentiment pe care-l trăiam când mă străduiam să înțeleg disciplinele care cereau calcule, în facultate. Cursul era predat ca și cum aplicațiile principiilor erau evidente de la sine. Și poate că pentru așii în matematică din acea clasă așa și era. Dar pentru acest tânăr englez, totul era un exercițiu constant și inutil de gândire totalmente abstractă. Fără a înțelege aplicațiile din lumea reală, aveam mari dificultăți în a pricepe de ce am nevoie să știu valoarea vreunui lucru cu care n-aș fi avut niciodată de-a face, ca și cum ar fi fost situat la infinit.

Dacă ești un expert în matematică, tot ce trebuie să faci este să îți amintești cum te simțeai atunci când ți se cerea să discuți sensul vreunuia din sonetele lui Shakespeare.

EXPLICAȚIE ≠ APLICAȚIE

N-am de gând să încerc să dezgrop amintiri neplăcute. Dar mă întreb dacă nu cumva vreunii dintre noi, predicatorii, suntem vinovați de a ne pune membrii bisericilor, în fiecare duminică, într-o situație spirituală echivalentă aceleia în care se află un proaspăt student la facultate care studiază calculele algebrice? Asemenea multor profesori din nenumărate domenii, suntem pasionați în ceea ce privește subiectul nostru și foarte bine pregătiți. Putem răspunde întrebărilor legate de timpul verbului din greacă sau ebraică și de despre contextul istoric și cultural din Orientul mijlociu în vremea antică. Putem să explicăm un termen înainte ca membrii bisericilor noastre să își dea seama cum să îl pronunțe corect. Și suntem pregătiți să explicăm de ce traducătorii au înțeles greșit și de ce cei care ne aud ar trebui să se folosească mai degrabă de înțelegerea pe care noi o avem cu privire la acel verset.

Și totuși, în ciuda acestei bogății de cunoștințe și înțelepciune, prezentată cu pasiune, ca și cum ar fi cea mai mare realizare a noastră, congregația rămâne cu o firavă înțelegere în ceea ce privește aplicațiile, sau ceea ce ei trebuie să facă cu acel text. Știu că au de-a face cu un lucru important în viață, pentru că la mijloc este vorba despre Cuvântul lui Dumnezeu. Mai mult decât atât, ei știu că acesta este Cuvântul lui Dumnezeu pentru ei. Dar, când explicăm, spunem în esență celor ce ne ascultă, „acum vi l-am transmis. Mai trebuie să vă dați seama cum să-l aplicați în viețile voastre". Sau, mai rău, lăsăm pe oameni întrucâtva încurcați și cu simțământul de a fi lumești pentru că nu știu cum să îl aplice, pentru că nouă ni se pare evident acest lucru.

Pur și simplu nu este suficient ca noi, predicatorii, să explicăm textul adunărilor noastre. Dacă vrem să fim buni păstori, va trebui să aplicăm textul în viețile lor de astăzi.

Dar de ce nu o facem? Cred că din câteva motive.

În primul rând, a face aplicații este o treabă grea. Comparată cu gândirea în legătură cu complexitatea inimii și a situației omului, analiza gramaticală și a contextului este o joacă de copil.

În al doilea rând, aplicațiile sunt subiective. Știu când am subliniat corect o propoziție sau când am conjugat un verb. Dar cum aș putea ști că am făcut aplicația corectă?

În al treilea rând, a face aplicații este un lucru complicat. Textul are o idee centrală, dar sunt multitudini de aplicații ce pot fi făcute, poate la fel de multe pe cât sunt ascultători. Iar alegerea celor potrivite din mulțimea de opțiuni este o treabă complicată.

În al patrulea rând, a face aplicații este o chestiune personală. Imediat ce încep să mă gândesc la felul cum un text anume se aplică congregației mele, nu pot să nu mă confrunt cu ideea legată de felul cum el se aplică vieții mele. Și, uneori, mai degrabă aș prefera să îl explic decât să intru în zona aplicațiilor.

Toate aceste motive au de-a face cu firea noastră și cu dorința noastră de a evita mai degrabă munca grea la care nu suntem așa de pricepuți, sau chiar să evităm cu totul convingerea personală de păcat. De aceea, răspunsul nostru la aceste scuze este, pur și simplu, să ne pocăim.

APLICAȚIE ≠ CONVINGERE

Dar mai există un al cincilea motiv, mai teologic, pentru care unii dintre noi neglijăm aplicațiile în predicile noastre. Noi suntem convinși cumva că aplicația este treaba altcuiva și că ea se află dincolo de sarcinile pentru care suntem plătiți. Nu este cumva Duhul Sfânt Cel care trebuie să aplice în final textul în inima unei persoane? Dacă eu fac aplicația, și ea nu este relevantă, nu i-am lăsat cumva pe oameni să scape din cârlig? Dar dacă eu prezint adevărul, după care mă dau la o parte, atunci Duhul Sfânt are un teren liber să-Și facă lucrarea. Și El se va descurca cu mult mai bine decât aș face-o eu.

Am auzit pe mulți predicatori moderni foarte stimați subliniind acest lucru. Dar, cu tot respectul, cred că această obiecție este deopotrivă nebiblică și confuză din punct de vedere teologic. Confuzia este că noi punem semn de egalitate, în mod greșit, între convingere și aplicație. Convingerea de păcat, de neprihănire și judecată este treaba Duhului Sfânt (Ioan 16:8). Nimeni altul decât Duhul Sfânt nu poate aduce adevărata convingere de păcat, iar atunci când noi încercăm să facem lucrarea aceasta în locul Lui, ajungem în mod inevitabil la legalism. De ce? Deoarece convingerea de păcat este o chestiune a inimii, iar o persoană devine convinsă nu doar datorită faptului că un lucru este adevărat, ci și datorită faptului că acea persoană este responsabilă înaintea lui Dumnezeu pentru acel adevăr, și ea trebuie să acționeze în baza lui.

Aplicația este diferită de convingere. Chiar dacă ținta ei este inima, ea tratează mintea. Dacă exegeza ne cere să înțelegem contextul original al pasajului, aplicația are de-a face întru totul cu explorarea contextului contemporan în care pasajul este auzit. Are de-a face cu identificarea aspectelor care țin de viață, etică și înțelepciune în care acest cuvânt particular al lui Hristos are nevoie să locuiască din belșug (Col. 3:26). Noi toți avem tendința de a asculta un mesaj prin propriile filtre și prin intermediul propriei experiențe. Așadar, atunci când un pastor se străduiește să facă aplicații Cuvântului, pentru noi se deschide o oportunitate de a lua în considerare semnificația unui pasaj în modalități la care nu ne-am fi gândit anterior sau pe care nu le-am lua în considerare, în mod firesc.

De exemplu, oridecâteori aud Ioan 3:16, mă gândesc imediat la chemarea mea de a face evanghelizare. Aceasta este aplicația mea naturală la acest verset, care vine aproape ca un reflex personal. Dar aplicația atentă, omiletică, ar putea să mă determine să mă gândesc mai profund la natura dragostei lui Dumnezeu pentru mine sau la ce înseamnă să am viața veșnică în Hristos. Extinzându-mi înțelegerea cu privire la aplicațiile posibile ale acelui singur verset, Ioan 3:16 începe să locuiască în viața mea mult mai bogat. Fără a mă amesteca peste lucrarea Duhului Sfânt, aplicația bine făcută la un text multiplică oportunitățile pentru convingerea de păcat.

EVITAREA APLICAȚIILOR ESTE NEBIBLICĂ

De asemenea, evitarea aplicațiilor este, pur și simplu, nebiblică. A face aplicații este exact ceea ce vedem noi pe paginile Scripturii, dacă ne uităm ce au făcut predicatorii și învățătorii Cuvântului lui Dumnezeu. De la Deuteronom 6:7 – unde părinților li se spune „să le întipărești în mintea copiilor tăi, și să vorbești de ele când vei fi acasă, când vei pleca în călătorie, când te vei culca și când te vei scula" – până la Neemia 8:8 - unde Ezra și Leviții nu doar citeau cartea Legii înaintea oamenilor, ci se și străduiau să „îi arate înțelesul, ca să-i facă să înțeleagă ce citiseră" – Vechiul Testament ne arată că poporul lui Dumnezeu nu era preocupat doar de cunoașterea Cuvântului Lui, ci îi și înțelegeau semnificația pentru viețile lor.

Iar această preocupare a continuat în învățătura lui Isus și a apostolilor. În Luca 8:21, Isus vorbește despre relația Sa cu cei care „ascultă Cuvântul lui Dumnezeu și îl împlinesc", iar învățătura Lui este ilustrată în felul cum trebuia să arate un credincios atunci când acel Cuvânt era pus în practică, începând cu Predica de pe Munte. Epistolele apostolilor sunt pline de aplicații practice, iar ei au dat mai departe acea preocupare către prezbiteri, care erau chemați să predice despre evlavia practică (1Tim. 4) și să încredințeze aceeași învățătură „la oameni de încredere, care să fie în stare să învețe și pe alții" (2Tim. 2:2).

Nicăieri nu vedem acest lucru mai clar decât în Efeseni 4:12-13. Scopul pentru care Hristos a dat bisericii darul de pastori și învățători este acela de „desăvârșire a sfinților, în vederea lucrării de slujire, pentru zidirea trupului lui Hristos, până vom ajunge toți la unirea credinței și a cunoștinței Fiului lui Dumnezeu, la starea de om mare, la înălțimea staturii plinătății lui Hristos". Cum putem să echipăm noi pe membrii Bisericii pentru diferitele lucrări din cadrul acesteia și din afara ei, dacă nu vorbim niciodată în mod specific și practic în acest sens? Pavel pare să presupună că noi ar trebui să țintim constant la acest lucru, ceea ce este departe de evitarea aplicațiilor.

CÂTEVA EXEMPLE

Așadar, cum ar trebui să arate aceasta în practică? Aș vrea să vă ofer două exemple. Haideți, mai întâi, să privim la 2Samuel 11, narațiunea adulterului lui David cu Bat-Șeba și a abuzului de putere al lui pentru a pune la cale uciderea soțului ei și ascunderea păcatului său. Evident, aplicațiile legate de puritate sexuală și crimă stau deja la suprafața textului. Dar cum rămâne cu toți acei oameni din adunarea ta, pentru care curvia și crima nu reprezintă ispite curente? Sigur că există câțiva oameni de acest fel. Nu avem nimic să le spunem lor? Ba evident că avem.

Privind la păcatul specific al lui David, poți să îi ajuți să vadă felul în care păcatul acționează în general, ca și natura lui amăgitoare, oportunistă și progresivă. Apoi poți să-i ajuți să se gândească la „oportunitățile de a păcătui" cu care ei se confruntă, nu în calitate de împărați ai lui Israel, ci în calitate de mame, bunici, studenți, angajați, manageri sau pensionari. În aplicațiile tale, nu trebuie să încerci să fii exhaustiv. Încerci să oferi sensul pasajului și să pui rotițele în mișcare în mințile lor în ce privește propriile lor vieți.

Sau, să ne uităm la Efeseni 6:1-4. Acest pasaj este unul care vorbește despre obligațiile reciproce ale părinților și copiilor. Și există o mulțime de aplicații chiar acolo, în text. Dar ce se-ntâmplă cu toți aceia din biserica ta, care nu au copii sau ai căror copii nu se mai află acasă? Ei doar trebuie să asculte și să prindă ceva cu care să îi încurajeze pe părinții din jurul lor? Da, acesta poate fi un punct de plecare. Dar acesta este Cuvântul lui Dumnezeu, aplicabil și lor. Principiul autorității, odată ce este exersat corect și față de care ne supunem, este aplicabil tuturor. Profesori și elevi, angajatori și angajați, prezbiteri și congregație, toți avem ceva de învățat despre ce înseamnă să prosperăm fiind supuși și respectând autoritatea evlavioasă. Așa cum observă Catehismul Mare de la Westminster, „prin cea de-a cincea poruncă se înțelege că ea face referire nu doar la părinții naturali, ci la toți superiorii în vârstă și daruri, în special la aceia care, prin rânduiala lui Dumnezeu, sunt puși peste noi în poziție de autoritate" (R.124). Noi toți ne aflăm într-o oarecare măsură sub autoritate, și mai toți avem întrucâtva autoritate. Aplicațiile atente vor ajuta la clarificarea acestui lucru.

CE ÎNSEAMNĂ ASTA PENTRU TINE

Ceea ce cred eu că înseamnă toate acestea este că o predică lipsită de aplicații nu poate fi deloc predică, ci doar o lecție biblică. Noi nu vrem ca oamenii să plece de la lecțiile noastre întrebându-se ce am vrut să spunem. Dimpotrivă, haideți să ne dedicăm timpul aplicării textului, „pentru desăvârșirea sfinților... pentru zidirea trupului lui Hristos, până vom ajunge... la înălțimea staturii plinătății lui Hristos" (Efes. 4:12-13).

DESPRE AUTOR

Michael Lawrence este pastor senior la Hinson Baptist Church în Portland, Oregon. Îl puteți găsi pe Twitter la @pdxtml.

De ce să predicăm?

Brad Wheeler

În ultima săptămână am petrecut aproape 25 de ore pregătindu-mi mesajul pentru dimineața de duminică, din biserica noastră. Acesta a fost bazat pe 1Samuel 9-11, așa că probabil că mai bine l-aș denumi predică. În decursul acestei predici, am citit textul în întregime, apoi am vorbit vreme de aproape 40 de minute, explicând înțelesul lui și făcând aplicații pentru inimile celor prezenți. De aceea, poate că aș denumi-o mai bine predică expozitivă. Iar eu nu trăiesc în Anglia de dinainte de perioada iluministă și nici nu mi-am oferit predica drept omagiu pentru „Duminica predicării puritane" care s-ar afla pe calendarul anual al bisericii noastre. Ca să fiu deschis, pastorul nostru senior este dezgustat de acele calendare anuale, dar las subiectul acesta pentru un alt articol...

De ce să petrec tot acest timp concentrându-mă asupra Cuvântului lui Dumnezeu? Și de ce, ca adunare, să dedicăm o oră monologului meu (uneori dureros)? Am mai fost întrebat astfel de lucruri. Și am fost chiar mustrat cu blândețe de prieteni bine intenționați. Ei pun întrebări de felul acesta: De ce dați atâta importanță predicării prin comparație cu alte forme de închinare? Nu reflectă asta prejudecata voastră occidentală față de discursul rațional, argumentat și ordonat? Oricum nu-și amintește nimeni 95% din ceea ce spui. Cu alte cuvinte, spune ei, îți irosești timpul – și pe al nostru!

Cu toate acestea, înainte de a da la o parte Scriptura în favoarea creativității la adunarea de duminică a bisericii tale, dă-mi voie să-ți ofer câteva motive pentru care predicarea trebuie să fie nu doar prezentă în viața adunării bisericii locale, ci ea trebuie să ocupe un loc primordial.

POPORUL LUI DUMNEZEU SE ADUNĂ PENTRU AUZIREA CUVÂNTULUI LUI DUMNEZEU

Indiferent dacă mă crezi sau nu, îți pot spune că, în mod natural, nu-mi place să stau jos și să ascult pe cineva. Mai degrabă aș fi motivat printr-un film, aș fi energizat de un solo zgomotos sau stârnit printr-o piesă de artă emoționantă. Dar modelul consecvent al Scripturii ne arată că poporul lui Dumnezeu se adună pentru auzirea Cuvântului lui Dumnezeu. În timp ce El vorbește, noi trebuie să rămânem tăcuți.

Atunci când, în Exodul, Dumnezeu Își întemeiază relația cu poporul Său pe baza legământului, El a folosit cuvinte și a poruncit poporului Său să se adune pentru a auzi acele cuvinte (Exod 24:7). Chiar dacă Israel și-a avut vrăjmașii lui pe parcursul drumului care ducea către țara promisă, Dumnezeu a poruncit poporului Său să se oprească și să meargă 20 de mile mai la nord, până într-un punct în care erau două stânci, de-o parte și de alta a unei văi. Acolo, cu cei doi munți abrupți aplicându-se deasupra capetelor celor prezenți și formând un amfiteatru natural, „Iosua a citit apoi toate cuvintele legii, binecuvântările și blestemele, după cum este scris în cartea Legii. N-a rămas nimic din tot ce poruncise Moise, pe care să nu-l fi citit Iosua în fața întregii adunări a lui Israel, în fața femeilor, copiilor și străinilor care mergeau în mijlocul lor" (Iosua 8:34-35).

Acesta ar părea un lucru curios pe care cineva să-l facă în mijlocul marșului rapid către sud, dar amintiți-vă că războiul lor nu era unul obișnuit, iar acești oameni nu erau oameni obișnuiți. Cuvântul care îi crease este cuvântul care îi definește. Peste ani, când Iosia își conduce poporul înapoi la Domnul, el face acest lucru prin a citi „înaintea lor toate cuvintele cărții legământului, care se găsise în casa Domnului" (2Cron. 34:30). Când întreg poporul lui Dumnezeu se adună ca unul după exil, Neemia nu-i conduce într-o rutină de fitness, nici într-un exercițiu de pictură cu degetele, sau într-o meditație prelungită asupra unor icoane. Nu, ci el îi cere lui Ezra să se ridice pe o platformă de lemn (Neem. 8:4) și, în timp ce poporul rămâne la locurile lor (8:7), Ezra și cărturarii „citeau deslușit în cartea Legii lui Dumnezeu, și-i arătau înțelesul, ca să-i facă să înțeleagă ce citiseră" (Neem. 8:8).

Lucrarea publică a lui Isus, din Evanghelia după Luca, începe prin intrarea Lui în sinagogă, ridicarea sulului cărții lui Isaia, citirea acesteia și oferirea de învățătură din ea (Luca 4:14-22). În Faptele Apostolilor 2, oamenii nu sunt mântuiți printr-o șmecherie „evanghelică", ci prin explicarea publică de către Petru a profeției din Ioel 2. Diaconii sunt aleși în Fapte 6 nu pentru ca astfel apostolii să își poată găsi timp pentru a studia ultimele tehnici de teatru sau pentru a-și face rost de ultimele haine de hipsteri, ci pentru ca ei să poată să se dedice astfel predicării Cuvântului lui Dumnezeu (F.A. 6:2). Pavel îl îndeamnă pe Timotei să predice Cuvântul (2Tim. 4:2).

Și aș putea continua la nesfârșit. Ochiul încântă, dar urechea dă putere. Nu avem nevoie de scene de teatru ca ale lui Tetzel, cu ilustrații ale porților Raiului și ale flăcărilor Iadului. Poporul lui Dumnezeu trebuie să se adune pentru auzirea Cuvântului lui Dumnezeu.

PREDICAREA CUVÂNTULUI LUI DUMNEZEU ÎI ÎNVAȚĂ PE CEI DIN BISERICA TA CUM SĂ CITEASCĂ ACEST CUVÂNT

Nu demult, David Wells deplângea faptul că evanghelicii nu mai au curajul de a fi protestanți. Astăzi, ne luptăm pentru a avea curajul de a fi, în orice sens ne-am putea gândi, creștini istorici. Când marele val cultural al sexualității și feminismului se năpustește asupra noastră, nu mai avem nimic de spus, pentru că nu credem că Biblia mai are, în final, ceva de spus, sau nu știm ce spune ea, ori nu a mai rămas pentru noi decât o colecție de istorioare morale, o versiune religioasă fabulelor lui Esop, pe care ne simțim obligați să o interpretăm ca să se potrivească ifoselor noastre culturale.

Dar păstrarea Cuvântului lui Dumnezeu în poziție centrală în viața bisericii locale, în special prin predicarea din texte consecutive ale Scripturii, îi învață pe oamenii din adunările noastre cum să își citească Biblia. Ei nu au nevoie de lecții de hermeneutică de la seminar pentru a prinde acest lucru, ci doar de predicare cu credincioșie. Au nevoie de acea predicare care conectează puterea Cuvântului creator al lui Dumnezeu de căderea primului Adam, de nevoia de jertfă și de promisiunea unui al doilea Adam și a unui nou Eden. De predicarea care face legătura între ceea ce Dumnezeu a făcut de-a lungul istoriei Israelului până la Isus și noul Israel al lui Dumnezeu.

Prima parte a vieții mele creștine a fost petrecută în biserici care iubeau Cuvântul lui Dumnezeu, dar care, totuși, nu l-au tratat ca pe un munte de aur care trebuie exploatat, ci mai degrabă ca pe un deal cu câteva stânci răspândite pe el, pe care le puteam culege și observa cu un interes trecător. Doar atunci când am ajuns într-o biserică unde Cuvântul era explorat, care conecta cu grijă diferitele teme biblice bogate și care arătau cum toate acestea îndreptau privirea către Hristos, atunci am început să mânuiesc Vechiul Testament cu confidență și încurajare. Dacă păstrezi Cuvântul lui Dumnezeu central în predicarea și învățătura ta, acest lucru nu doar că îi va ajuta pe oameni să știe cum să îl citească, ci le va dărui și încurajarea ca ei înșiși să se adâncească în el.

PREDICAREA CUVÂNTULUI LUI DUMNEZEU ARE CA SCOP SCHIMBAREA VIEȚILOR LOR, SĂPTĂMÂNĂ DE SĂPTĂMÂNĂ

Ce bine ne-ar face toate acele predici, dacă ajungem să uităm majoritatea a ceea ce am auzit, chiar la scurtă vreme după aceea? Ei bine, nu uităm tot ceea ce am auzit. Eu cred că majoritatea dintre noi putem să ne amintim de anumite predici care ne-au provocat felul cum gândeam despre Dumnezeu, căsătorie, bani etc. – și care ne-au schimbat pentru totdeauna. Așa că haideți să nu aruncăm la gunoi tot efortul.

Dar, dincolo de asta, cuvântul săptămânal din mesajele noastre de dimineață are ca scop să ne umple până duminica următoare. În ritmul săptămânal al lui Dumnezeu, El pare să știe că, până duminica viitoare, ajungem să fim înfometați și avem nevoie să ne îndestulăm iarăși.

Nici predicile mele și nici predicile tale nu trebuie să rămână în mintea congregațiilor noastre pe vecie. Ele nu au ca scop să schimbe viețile lor în acest fel. Ele sunt menite să îi hrănească până săptămâna viitoare. Săptămână după săptămână. Până când vom ajunge în cer. Iar acolo, Cuvântul făcut trup va înlocui cu noi pentru totdeauna și nu vom mai avea nevoie niciodată de predici.

DESPRE AUTOR
Brad Wheeler este pastor senior la University Baptist Church în Fayetteville, Arkansas, SUA.

Cunoașterea turmei tale este critică pentru predicarea cu folos

Jared C. Wilson

Predicatorul a pășit pe scenă, uitându-se cu insistență către adunare. Sosise momentul pentru invitația săptămânală. În acel moment, le cere celor din sală să își ridice mâinile. Niciuna nu s-a mișcat. Dar el nu are cum să știe acest lucru, pentru că nu se află acolo, ci doar imaginea lui este proiectată pe un ecran video.

Am fost și eu la cel mai apropiat campus al acestei biserici multi-sit cu o temă de la însăși pastorul ei, un om care mă angajase recent să fac o cercetare independentă pentru el. Vizitând unul din multele sale locuri unde aveau servicii de închinare de la distanță, trebuia să ajung să simt cumva ce se întâmplă în lucrarea lui. Și cu siguranță că am simțit. Dar n-am putut să nu fiu șocat de simțământul că acest fel de a face lucrare nu putea să îl ajute cu adevărat pe predicator să „simtă" pentru congregația lui.

Nu știu ce crezi despre aceste servicii de închinare transmise prin video sau în general despre modelul multi-sit de creștere a bisericii, dar această experiență, și altele ca ea, n-au făcut altceva decât să confirme unele din îngrijorările pe care le am cu privire la lipsa de conexiune între predicator și turmă, o dilemă în creștere în toate categoriile de biserici, mici și mari.

Fără îndoială, această dilemă nu este limitată doar la bisericile de tip multi-sit sau la cele cu servicii prin transmisii video. Pastorii bisericilor de orice mărime, aflate în creștere, se vor lupta constant cu problema familiarizării cu congregațiile lor. Iar ispita de a deveni tot mai izolați este și mai mare când complexitatea se adaugă unei biserici în creștere.

Este evident că până și unui predicator dintr-o biserică mică îi este imposibil să fie cel mai bun prieten cu toți cei din biserica sa, la fel cum este imposibil ca predicatorii din bisericile mai mari să cunoască suficient de bine pe toți cei din adunare. Dar predicatorul a cărui lucrare este concentrată din ce în ce mai mult pe predicare și din ce în ce mai puțin pe păstorire, predicatorul care este din ce în ce mai puțin implicat în viața congregației sale, în realitate își subminează slujba față pentru care încearcă să-și dedice mai mult timp! Predicarea bună necesită păstorire apropiată.

Lucrarea de predicare nu poate fi despărțită de lucrarea de îngrijire a sufletelor. În fapt, predicarea este în realitate o extensie a lucrării de îngrijire a sufletelor. Există o mulțime de motive pentru care este important ca pastorii care vor să predice cu folos să își cunoască turmele pe cât de bine este posibil, dar iată aici trei din cele mai importante.

1. Predicarea cu folos are în vedere idolii oamenilor

Întrucât călătoresc pentru a predica în cadrul serviciilor de biserică și a conferințelor, una din primele întrebări pe care o pun în mod obișnuit pastorului care mă invită este aceasta: „Care sunt idolii turmei tale?" Vreau să fiu capabil nu doar să fac prezența și „să îmi fac datoria", ci să slujesc acestui pastor și congregației lui vorbind pe cât de bine pot în legătură cu orice fel de speranțe sau visuri pe care le pot identifica în interiorul bisericii sale, și care nu sunt atașate în mod devoțional lui Hristos drept cea mai mare satisfacție a lor. Trist este faptul că unii pastori nu știu cum să răspundă acestei întrebări.

Atunci când Pavel am mers prin Atena, el a văzut că orașul era plin de idoli (F.A. 17:16). Acestea fiind spuse, el nu a privit acest lucru ca pe o simplă chestiune filozofică, ci ca pe o problemă spirituală care îl întrista personal. Iar atunci când a tratat-o, el a făcut-o foarte specific, referindu-se la devoțiunea lor față de „un dumnezeu necunoscut" (17:23). Și oricând îl vedem pe Pavel adresându-se unor anumite biserici prin epistolele sale, veți observa că păcatele și falsitatea pe care el le tratează sunt foarte specifice. El nu a vorbit în termeni generali. Știa ce se întâmpla în aceste biserici.

Aceasta nu înseamnă, evident, ca tu să începi să necăjești sau să dai pe față, de la amvon, pe oamenii din adunare. Înseamnă mai degrabă că ești prezent în viața congregației tale suficient de mult pentru a vorbi acesteia în termeni familiari ție și ei.

Câtă vreme pastorul nu petrece timp de calitate cu oamenii din congregația sa, idolii care trebuie să se lupte cu Evanghelia din predicile sale vor fi doar teoretici. Toate ființele omenești au în comun câțiva idoli universali. Dar comunitățile unde bisericile sunt localizate, congregațiile ca subculturi, și chiar grupurile specifice din interiorul unei congregații tind să cultive idoli specifici și păcate specifice. Cunoașterea directă a dorințelor incorecte ale turmei tale în domenii precum finanțele, cariera sau familia, te va ajuta să știi cum să predici. Te va ajuta să alegi textele potrivite și să faci sublinierile corecte în explicarea acelor texte. Aceasta este ceea ce face predicarea o lucrare și nu un simplu exercițiu oratoric.

2. Predicarea cu folos are în inima ei suferințele oamenilor

Îți pot spune din proprie experiență că predicarea mea s-a schimbat după ce am început să țin oamenii de mână atunci când erau pe patul de moarte și după ce am auzit inimile oamenilor plângând. Până când nu îi vei auzi mărturisindu-și păcatele, temerile, îngrijorările și rănile, predicarea ta poate fi excelentă și plină de pasiune, dar nu își va atinge apogeul, anume să rezoneze cu congregația.

Mulți predicatori poartă povara Cuvântului lui Dumnezeu la amvon, și acest lucru este unul bun. A îmbrăca haina grea a predicării îndrăgostiți de gloria lui Hristos, a fi împovărați cu privire la proclamarea harului Domnului în Evanghelie – sunt lucruri nobile, demne și minunate. Dar predicatorul trebuie să simtă în egală măsură greutatea poporului său când se află la acel amvon. Ea trebuie să se ridice să predice după ce a fost alături de ei în vale. Manuscrisul lui ar trebui să fie îmbibat în lacrimile poporului său.

Cunoscând care sunt preferințele care lovesc în poporul său în mod obișnuit, predicatorul va fi păzit de a deveni surd la nevoile congregației sale. El va trata cu superficialitate lucrurile greșite. Acestea îi vor influența ilustrațiile pe care le folosește, felurile de istorioare pe care le spune și, mai important, simțămintele cu care el mânuiește Cuvântul. Am văzut predicatori făcând glume despre lucruri cu care oamenii din congregația sa se luptau. Și chiar am fost unul din acei predicatori. Noi suntem chemați să ridicăm poveri, dar când nu ne alegem cu atenție cuvintele, ajungem să adăugăm acestor poveri.

Dragă frate predicator, ai o inimă care bate autentic pentru poporul tău? Observă că n-am întrebat, „Ești o persoană sociabilă?" Vreau să spun: Știi ce se întâmplă în viețile celor din congregația ta? Și dacă da, te mișcă acest lucru? Te întristează? Ai plâns cu cei ce plâng? Dacă nu, atunci predicarea ta va arăta acest lucru în timp.

Gândește-te la durerea pe care Moise o avea cu privire la păcatele poporului său (Exod 32:32). Sau la lacrimile abundente ale lui Pavel (F.A. 20:31; 2Cor. 2:4; Filip. 3:18; 2Tim. 1:4). Gândește-te, de asemenea, la compasiunea lui Hristos, care vedea ce se afla în inimile oamenilor (Matei 9:36). Ai putea să crezi că poți să produci în tine aceste simțăminte fără să-ți cunoști cu adevărat congregația, dar nu este același lucru, în special nu pentru ei. Nu este același lucru pentru ei, la fel cum a auzi un cuvânt de îndemn din partea unui model de om nu este același lucru cu a auzi același cuvânt de îndemn din partea tatălui tău. Dragă frate, nu îți alege textul fără a purta în inimă poverile reale ale poporului tău.

3. Predicarea cu folos are numele oamenilor în rugăciunea ei

Orice predicator credincios se roagă pentru mesajele sale. El se roagă ca, după ce a fost semănat, Cuvântul lui Dumnezeu să nu se întoarcă fără roade. Se roagă ca oamenii să fie receptivi, ca sufletele să fie mântuite și viețile să fie schimbate. Acestea sunt rugăciuni bune. Dar și mai bună este acea predică pregătită și compusă alături de rugăciunile pentru John Smith și Julie Thompson, ca și pentru familia Cunningham. Ori predica pentru care te-ai rugat să fie folosită spre mântuirea lui Tom Johnson, spre pocăința lui Bill Lewis ori spre corectarea lui Mary Alice.

Pavel le spunea în mod repetat oamenilor care se aflau în grija lui că își amintea de ei în rugăciunile sale. Mai mult, el enumera frecvent numele unora dintre ei, pentru ca noi să știm că afirmația lui nu era una generală. Și întrucât Pavel nu a avut o congregație anume spre păstorire apropiată, ci mai degrabă a slujit ca un plantator de biserică misionar, cu toate acestea el s-a străduit din greu să-i cunoască pe oamenii cărora le-a slujit, chiar și de la distanță, și a căutat să îi viziteze cât de des putea. Cu atât mai mult ar trebui ca pastorul bisericii locale să dezvolte relații cu oamenii din congregația sa! El ar trebui să le cunoască numele și să le poarte numele în rugăciune înaintea cerului. Este important să știi cui predici. Este important să știi că sora cutare nu este foarte încântată de predicarea ta. Este important ca să știi că fratelui Lingușeală îi place prea mult. Este important să știi că bărbatul din spate, care ține brațele încrucișate la piept și cu sprâncenele încruntate nu este de fapt supărat pe tine, ci acesta este felul în care el ascultă. Este important să știi că doamna din față, mereu zâmbitoare, are tendința de a nu-și aminti nimic din ceea ce ai spus. Când știi aceste lucruri, poți să te rogi pentru oamenii tăi în modalități mai profunde, mai personale și mai pastorale. Iar predicarea ta se va îmbunătăți. Va fi mai reală. Va veni nu doar din mintea și gura ta, ci și din inima ta, din sufletul tău, din esența ta.

Toate acestea pleacă, desigur, de la prezumția că ești interesat de acest fel de predicare. Dacă vei vedea predicarea ca pe o simplă asigurare a „hranei spirituale" pentru mințile interesate sau ca pe o discuție motivațională pentru cei înclinați religios, și nu ca pe o mărturie profetică din Cuvântul revelat al lui Dumnezeu către inimile oamenilor, atunci poți să ignori fără emoție toate punctele de mai sus.

DESPRE AUTOR

Jared C. Wilson este autor de carte creștină, director de strategie pentru programă la Midwestern Seminary și editor șef la portalul For The Church (ftc.co). Îl puteți găsi și pe Twitter la @jaredcwilson.

Învață să fii tu însuți în calitate de predicator: de la unul care încă încearcă să facă acest lucru

Kevin DeYoung

Atunci când Phillips Brooks a definit într-un mod faimos predicarea drept „comunicarea adevărului prin intermediul personalității", cred că el vorbea despre propria ta personalitate, și nu despre a altuia. Mie mi-a luat ceva vreme pentru asta, dar în final am simțit ca și cum am înțeles că trebuie să fiu eu însumi atunci când mă aflu la amvon. Acum, n-aș putea spune dacă acest lucru înseamnă că predicile mele sunt mai bune sau mai rele. Dar fiind eu însumi, asta înseamnă că predicarea mea este mai autentică, mai confortabilă și mai durabilă. Știu că am multe lucruri de învățat ca predicator, și sper că și în 10 ani de acum înainte voi continua să primesc acele complimente acre, dar adevărate – „predicarea ta s-a îmbunătățit cu adevărat de-a lungul anilor". Dar, la vârsta de 32 de ani, simt ca și cum, în final, predic adevărul prin propria personalitate.

Ca majoritatea predicatorilor tineri și nu puțini dintre cei mai bătrâni, m-am luptat să îmi găsesc „vocea" în calitate de predicator. Atunci când eram la facultate, am început să devorez literatura reformaților și a puritanilor. Orice lucru pe care îl citeam părea să fie ori vechi de sute de ani, ori fusese tradus în urmă cu câteva sute de ani. Ca rezultat, scrierile mele – nu predicam prea mult la acea vreme – semănau ca și cum mă așteptam să câștig premiul la categoria „tocmai tradus din limba latină". Frazele erau adesea ca de elefant. Erau pline de exprimări vechi, și pur și simplu aveau prea multe cuvinte. Un profesor foarte fin, care m-a propulsat în multe feluri, m-a provocat să scriu pentru audiența din secolul meu, nu pentru secolul eroilor mei. La vremea aceea, a fost un sfat foarte dureros. Nu eram sigur că pot avea încredere în el. La urma urmei, nu era un semn al evlaviei să folosești cuvinte precum „rânduială", „catapeteasmă" sau „îngăimăceală"? Ei bine, nu. Avem nevoie să fiu eu însumi, și nu să îmi dau aere de puritan. (Întâmplător, vărul și colegul meu din facultate, avea îmbrăcat pe el un tricou frumos, pe care scria „Evită îngăimăceala". Imaginați-vă ce situație!)

La seminar, am început să observ că mulți dintre colegii mei de clasă vorbeau la fel ca profesorii lor de omiletică. Chiar și astăzi concluzia mea rămâne adevărată. Oriunde ai merge, profesorii care predau despre predicare par să își creeze clone. Parte din vină pare să aparțină profesorilor, care pun prea multă greutate pe felul lor de a predica – în mod normal o modalitate care dă roade în cazul profesorilor, dar nu se potrivește tuturor studenților. Dar o altă parte de vină ține și de studenți. Suntem disperați să imităm un anume model, așa încât ajungem să copiem tot ceea ce vedem la cei pe care îi respectăm, în special în ce privește pe cei care ne învață cum să predicăm. La Seminarul Teologic Gordon-Conwell, am văzut o mulțime de copii miniaturizate ale lui Haddon Robinson. Asta nu înseamnă că toți acei studenți vor ajunge niște predicatori slabi, ci înseamnă că ei trebuie să conștientizeze că nu există decât un singur Haddon Robinson. Și că ei nu sunt el!

Pe cât de mult am fost binecuvântat prin predicile lui Robinson, pe atât am devenit mai tentat să îi imit pe alți predicatori. Sunt sigur că, în primii ani ai lucrării mele, mesajele mele sunau uneori ca ale unei foarte prăpădite copii a lui John Piper. Ascultam atât de mult la predicile lui Piper încât sunt sigur că predicile mele, temele pe care mi le alegeam și chiar modalitatea în care pronunțam cuvântul „bucurie!" erau într-un fel Piper-esc. Nu mă înțelegeți greșit, nu mă dau în vânt după a învăța de la Piper sau după a fi influențat de el. Îmi pregătesc singur mesajele și le-aș pune oricând alături de predicile lui. Dar sunt sigur că el ar fi primul care ar spune, „Predică aceeași Evanghelie, dar nu trebuie să predici la fel ca mine". Mi-a luat mai mulți ani, dar cred că în final sunt în regulă cu ideea de a nu fi un John Piper. Pur și simplu nu cred că avem aceeași personalitate, nici măcar aceleași daruri.

În calea mea au existat și alți predicatori faimoși pe care am dorit să îi imit. Mi-am dorit să pot parcurge un text și să folosesc umorul lui Alistair Begg (bineînțeles, alături de accentul lui). Mi-am dorit să pot fi la fel de creativ în gândirea mea și un fin cunoscător al culturii precum Tim Keller. Mi-aș dori să fiu la fel de smerit și amuzant ca C.J. Mahaney. Uneori mă gândeam cum ar fi să fii atât de deștept precum Carson (am încercat să pronunț „Izaia", dar n-am reușit să păcălesc pe nimeni). Ba chiar m-am gândit cum ar fi să comunici la fel de calm precum Rob Bell.

De-a lungul anilor, am experimentat mai multe metode de predicare. Am predicat fără notițe, cu notițele scrise pe o jumătate de pagină, și cu tot manuscrisul, doar pentru că unul din predicatorii care-mi plăceau folosea una din aceste tehnici. Dar ceea ce funcționează cel mai bine pentru mine și stilul meu de predicare, cel puțin în acest moment din lucrarea mea, este să predic dintr-un set complet de notițe, alternând uneori între a citi predica sau a prelua din punctele ei esențiale. Profesorii de omiletică ar putea să mă urască pentru aceste afirmații, dar uneori tot ceea ce ai de făcut este să găsești ce funcționează mai bine pentru tine. Sunt sigur că există anumite principii care definesc orice predicare bună, dar există de asemenea o mulțime de situații pentru care tot ce avem de spus este: „Nu sunt sigur de ce, dar asta funcționează în cazul meu".

Din 2002, când am fost ordinat, cred că am predicat de aproape 500 de ori (aici avem serviciu și duminica seara). Dar mi-a luat aproape 450 de predici pentru a-mi găsi vocea. Asta nu înseamnă că toate acele predici au fost rele sau lipsite de autenticitate. Nici nu înseamnă că am mimat un accent scoțian sau că am început să povestesc din vremea când copilăream în Greenville, Carolina de Sud. Dar mi-a luat această lungă perioadă până când am realizat înțelepciunea mărturiei făcută de Pavel: „Prin harul lui Dumnezeu sunt ce sunt".

Unul din lucrurile cele mai dificile pe care un predicator le învață, în special predicatorii tineri, este să fie, pur și simplu, el însuși. Nu te pune în pasiunea, în umorul ori educația altcuiva. Și nu arunca la gunoi personalitatea ta dar pentru că unul din eroii tăi nu o manifestă exact ca și tine. Mergi înainte și învață de la cei mai buni. Dar congregația ta are nevoie să audă duminica glasul tău, nu o imitație a predicatorului pe care visezi să ajungi să îl clonezi. Lasă ca persoana ta să fie constant rafinată de Duhul lui Dumnezeu și ca adevărul Cuvântului lui Dumnezeu să strălucească prin personalitatea ta. Predică precum un muribund unor muribunzi. Și nu uita să fii tu însuți.

DESPRE AUTOR

Kevin DeYoung este pastor senior la University Reformed Church în East Lansing, Michigan, în apropiere de Michigan State University. Îl puteți găsi pe Twitter la @RevKevDeYoung.

S-a schimbat predicarea de la biserica primară încoace?

Peter Sanlon

Predicarea expozitivă sistematică și regulată a Scripturii are un loc central în viziunea mea pentru lucrarea normală a Bisericii. Predicând din Biblie carte după carte în adunările mele, cred că ceea ce fac este să continui o tradiție care are rădăcini în Pentateuh, în metodele evreiești de învățătură și în Biserica apostolică. Nu îmi permite spațiul aici să elucidez natura acestor prime înfloriri ale predicării expozitive, dar mi s-a cerut în schimb să împărtășesc reflecțiile mele cu privire la natura moștenirii pe care o avem și care a continuat încă din vremea Bisericii Primare post-biblice.

Predicatorii Bisericii Primare la care eu privesc ca la niște maeștri ai predicării includ pe Ambrozie, Ieronim, Gregorie Teologul, Ioan Gură-de-Aur, Atanasie, Augustin și Petru Crisologul. Dar, când citesc predicile acestor practicanți ai predicării expozitive, nu pot să nu observ faptul că predicarea lor pare străină de ceea ce astăzi este considerat expozitiv. Cum ar putea predicarea expozitivă modernă să fie dependentă de predicarea Bisericii Primare, atâta vreme cât aceasta din urmă ni se pare atât de străină?

CONVINGERI COMUNE ÎNTRE VECHI ȘI MODERN

În primul rând, este vital să acordăm greutatea cuvenită convingerilor împărtășite atât de noi cât și de predicatorii patristici. Practicanții vechi și cei contemporani ai predicării dispozitive au crezut deopotrivă că Scriptura este adevărată în tot ceea ce spune. Mai mult, și ei și noi susținem că, atunci când Biblia este predicată, Dumnezeu Însuși vorbește.

În mai multe locuri, Părinții Bisericii, precum Tertullian, au subliniat faptul că orice spune Scriptura este adevărat[1]. De asemenea, Augustin a afirmat că, „Am învățat să acord acest respect și onoare doar cărților canonice ale Scripturii. Doar în ce privește aceste cărți eu cred cu toată fermitatea că autorii au fost complet lipsiți de eroare"[2]. Astfel de afirmații explicite cu privire la vrednicia Bibliei de a fi crezută sunt valoroase în reconstruirea atitudinii patristice cu privire la Scriptură.

Dar la fel de relevante sunt implicațiile care pot fi extrase din folosirea Scripturii de către vastul grup ale Părinților Bisericii. Predicarea era principalul fel în care Biblia era folosită în Biserica Primară, iar atunci când adunăm citat după citat, devine foarte clar că predicatorii din vechime mânuiau Scriptura așa cum au făcut-o pentru că ei credeau că aceasta este adevărată și că Dumnezeu se adresează oamenilor prin intermediul ei.

Așa cum predica Augustin, „Haideți să tratăm Scriptura drept Scriptură: ca și cum Dumnezeu vorbește prin ea."[3] Fără o astfel de convingere există puțină motivație să ne dedicăm textului biblic în pregătirea predicilor noastre, așa cum făceau Părinții.

De ce atunci sunt atât de diferite predicile din Biserica Primară de cele ale predicatorilor moderni occidentali, care împărtășesc aceeași dedicare față de rolul Scripturii în ce privește adresarea lui

Dumnezeu către oameni? Predicile patristice folosesc adesea alegorii obscure, presupun că numerele au o semnificație și par să navigheze prin Biblie într-o modalitate aparent aleatorie. Predicile patristice pot să conțină reflexii și excursii care par să se abată mult de la textul la care vor să se refere. Este ideea că predicarea modernă expozitivă reprezintă un urmaș al unor astfel de omilii o simplă idee creată în imaginația noastră?

PREDICAREA EXPOZITIVĂ A PROVOCAT CULTURA PĂGÂNĂ

Predicare expozitivă este o artă, o măiestrie și o disciplină pastorală care interacționează cu cultura păgână în general și cu oratoria păgână în mod particular.

Predicatorii patristici (și cei contemporani) dedicați predicării expozitive au poziții radical divergente de cei păgâni. Dar unii predicatori au întrețesut citate din autori păgâni în textele mesajelor lor. De exemplu, Ambrozie are peste 100 de citate din Virgiliu în predicile lui și s-a folosit de scrierile medicului Galen în explicațiile sale la cartea Geneza. Dar Tertullian a deplâns educația păgână considerând-o periculoasă pentru teologie. Și totuși faptul că stilul său de a vorbi a folosit tehnici retorice împrumutate din școlile păgâne ne amintește că nimeni nu poate scăpa contextului acestora.

Frecvența citatelor din autori păgâni este doar una din modalitățile mai evidente prin care vedem cum educația păgână a influențat predicile patristice. La un nivel mai profund, cultura păgână a lumii antice era una fascinată de cuvinte – de înțelesul lor, de alcătuirea și de importanța lor. Aglomerarea de citate după citate din Biblie și folosirea pasajelor biblice clare pentru a le interpreta pe cele mai obscure erau tehnici pe care predicatorii le învățaseră din felul în care școlile păgâne tratau operele lui Homer.

Ca în vremurile Reformei, contextul educațional al predicatorilor patristici a influențat lucrarea lor în modalități profunde. Primul manual despre cum să predici a fost scris de Augustin. El conținea capitole lungi cu reflecții despre cum să îți însușești lecțiile de oratorie ale lui Cicero. Augustin vedea lucruri valoroase în gândirea păgână legată de vorbirea oratorică: „De ce ar trebui ca oamenii care propovăduiesc adevărul să facă asta ca și cum ar fi proști, fără pasiune și pe jumătate adormiți?"[4] În ciuda faptului că a recomandat anumite lecții de la Cicero, în final Augustin a afirmat că rugăciunea și urmarea exemplului predicatorilor buni sunt mult mai importante.[5]

Mult din ceea ce face ca predicile patristice să fie diferite prin comparație cu cele din vremea modernă izvorăște din faptul că, în slujirea noastră de predicare expozitivă, noi și cei ce ne ascultă folosim, cu sau fără știință, cele mai bune tehnici păgâne cu privire la hermeneutică și comunicare ce ne sunt disponibile. Predicatorii din vechime credeau că Biblia este Cuvântul divin plin de bogăție pentru cei ce-l ascultau. Ei căutau semnificație în numerele din Scriptură întrucât cultura păgână era una care vedea frumusețe, adevăr și semnificație în profunzimile ascunse ale numerologiei. Dacă așa stau lucrurile cu matematica, prelegerile convingătoare și filozofia, gândeau ei, cu siguranță că ar trebui să fie și mai folositoare pentru un text inspirat de Însuși Dumnezeu. Contextul educației seculare a influențat abordările predicatorilor din vechime în ce privește mânuirea textului sacru.

Același lucru este adevărat și atunci când ajungem la aspecte practice ale predicării. Anumiți predicatori își scriau mesajele în întregime și le citeau. Alții, precum Augustin, meditau la un pasaj de-a lungul săptămânii, apoi vorbeau liber. Multe școli de retorică îi învățau pe elevii lor să vorbească în public obligându-i să citească și să își memoreze cuvântările. Quintilian, un orator păgân, susținea că aceasta era o modalitate facilă și imatură de a vorbi în public. De aceea, faptul că un predicator era sau nu de acord cu Quintilian influența practica sa în ce privește vorbirea folosind sau nu notițe.

Ar fi o eroare gravă să presupunem că abordările moderne cu privire la înțelegerea și predicarea Bibliei sunt în mod automat superioare celor ale predicatorilor din vechime. De asemenea ar fi incorect să ratăm să vedem faptul că predicarea modernă expozitivă este descendentă din omiliile patristice și împărtășește convingerile fundamentale ale acesteia.

PREDICAREA EXPOZITIVĂ S-A DEZVOLTAT DE-A LUNGUL ISTORIEI BISERICII

Un alt motiv pentru care predicile patristice par să fie atât de unice este că ele au fost predicate de oameni care se aflau în contextul istoriei Bisericii, pe care îl trăiau. În lumea antică, anumiți predicatorii beneficiau de referințele reciproce ale traducerilor începute de Origen în *Hexapla*. Augustin a fost destul de indecis dacă să adopte sau nu traducerea mai erudită a lui Ieronim, sau să rămână la versiunea cu care congregația sa era obișnuită. El a optat să rămână la traducerea mai puțin precisă de dragul bisericii sale, din sensibilitate pastorală, dar a integrat încetul cu încetul traducerea lui Ieronim în scrierile sale academice.

Pe măsură ce istoria Bisericii a progresat, s-au dezvoltat și instrumentele și formele de predicare expozitivă. Unul din cele mai evidente domenii în care acest lucru s-a aplicat a fost istoria mântuirii. În Biserica Primară, predicatorii erau foarte conștienți că trăiau o vreme ce era parte din istoria Bibliei. Ireneu a dezvoltat o teologie a „recapitulației", bazată pe repetițiile percepute în interiorul istoriei mântuirii, cum este cazul pomului din Geneza 2 și al crucii de lemn pe care Hristos a fost atârnat. Respingerea eretică a Vechiului Testament de către Marcion și interacțiunile cu învățații evrei i-au determinat pe mulți predicatori să vorbească despre asemănarea și unitatea dintre Testamente. Sublinierea făcută de Augustin în ceea ce privește harul, în vremea controversei pelagiene, l-a determinat să se concentreze pe diferența între Lege și Evanghelie. Toate acestea — ca și practica aparent răspândită a alegoriilor – reprezentau încercări timpurii ale predicatorilor de a trata pasaje scripturale într-o modalitate care făcea dreptate întregii istorii a mântuirii.

Având în vedere multele dezvoltări din istoria Bisericii, care ne oferă căi proaspete de nuanța și articula istoria mântuirii, este ușor de înțeles faptul că predicile patristice pot să ni se pară destul de străine în interpretările lor teologice. În realitate, marii predicatorii ai secolelor timpurii cartografiau posibilitățile de configurare a unității și diversității în limitele canonului – lucru cu care și astăzi ne luptăm și asupra căruia avem diferențe.

CONCLUZIE

S-a schimbat predicarea expozitivă de la Biserica Primară încoace? În ceea ce privește faptul că predicarea expozitivă trebuie să provoace cultura păgână și că ea trebuie să se dezvolte odată cu istoria Bisericii, răspunsul este afirmativ. Dacă ar fi ca aceasta să ne orbească și să nu mai vedem convingerile esențiale comune în ce privește autoritatea Scripturii și pasiunea care îi conduce pe predicatori să folosească cele mai bune materiale pe care le putem accesa în cultură și teologie pentru a predica Biblia cu credincioșie, am ajunge nu doar să dezonorăm pe sfinții care s-au trudit înaintea noastră, dar să ne și dezicem de o moștenire și o comoară care ne poate ajuta să ne îmbunătățim predicarea – anume predicarea Bisericii Primare.

DESPRE AUTOR

Peter Sanlon este slujitor la St. Mark's Church, Tunbridge Wells, Marea Britanie și autor al cărților „Augustine's Theology of Preaching" (Fortress) și „Simply God" (IVP); a contribuit la lucrarea în curs de apariție „Handbook of the Latin Patristic Sermon" (Brill). Îl puteți găsi pe Twitter la @Sanlon.

Bibliografie
1. Tertullian, *Flesh of Christ*, 6.
2. Augustin, *Epistle 82.3*.
3. Augustin, *Sermon 162C.15*.
4. Augustin, *Teaching Christianity*, 4.3.
5. Augustin, *Teaching Christianity*, 4.32.

Cum să găsești esența unui pasaj

Robert Kinney

„Cum să descopăr care este ideea centrală a unui text biblic?"

Aceasta este o întrebare pe care o aud adesea din partea liderilor de studii biblice în grupuri mici și a liderilor de studenți din Biserica unde slujesc. Și nimic nu îmi dă o plăcere mai mare decât să le spun (și vouă) că am o formulă magică prin care pot fi conduși de la textul biblic ales direct la esența acestuia sau chiar mai mult, până la aplicația lui.

De fapt, nu am o formulă magică. Cu toate acestea, cred că există câteva lucruri pe care le poți încerca cu privire la textul tău, indiferent unde te afli în Biblie, și care te vor ajuta să descoperi ideea centrală.

1. STRUCTURA ȘI SUBLINIEREA

În primul rând, privește la structura textului și la ideea subliniată în el. Îmi place să plec de la structură, sau, altfel spus să observ felul cum pasajul se împarte în diferite secțiuni ori grupuri de versete care se adună în jurul aceleiași idei.

Evident, felul cum descoperim structura va fi dependent întrucâtva de tipul textului. Dacă privesc la un text narativ, atunci derularea evenimentelor și personajele prezente îmi vor fi de ajutor. Mă voi uita la context, la începutul relatării, la punctul de apogeu al ei și la încheiere. Dacă privesc la un text care reprezintă o scrisoare sau o cuvântare, atunci voi mă uita după un șir de idei care urmează un obiectiv clar. Dacă am în față un text poetic, voi încerca să identific diferitele strofe și să încep să le sumarizez mesajul.

Indiferent în ce parte a Bibliei mă aflu, întotdeauna, dar întotdeauna, mă voi uita după cuvinte și idei care se repetă. De asemenea, o traducere literală îmi va fi de ajutor aici. Întrebarea de diagnostic pe care îmi place să o folosesc este aceasta: „Cum a organizat autorul acest pasaj?" Și odată ce am început să schițez o structură a pasajului, voi căuta să văd ce anume subliniază această structură.

2. CONTEXTUL

În al doilea rând, privește la context. Niciun pasaj al Bibliei nu există de unul singur. Dimpotrivă, fiecare pasaj este parte dintr-o argumentație, o istorie sau o colecție de pasaje care au fost aranjate în acest fel, în mod intenționat, de către autorul lor.

Ce se află înainte de pasajul meu și ce urmează după el sunt lucruri importante, iar ele mă vor ajuta să înțeleg ideile care se găsesc în pasajul de interes. Contextul mă poate ajuta să conștientizez subiectul la care se referă autorul în textul meu. El mă poate ajuta să văd o secțiune mai largă din cartea mea. Uneori îmi poate furniza o corecție utilă cu privire la lucruri pe care le-aș fi putut înțelege greșit în pasajul meu. Poate chiar să mă facă să înțeleg situație istorică a primei audiențe a pasajului.

Contextul este cheia. Iar întrebarea mea de diagnostic este următoarea: „De ce a așezat autorul pasajul acesta aici, în acest punct din carte?"

3. TEMA CĂRȚII

Având în vedere ceea ce tocmai am menționat cu privire la context, are sens să aruncăm o privire generală, de departe, și să ne întrebăm care este scopul cărții. Care este agenda autorului cu privire la această carte?

Evident, acest lucru ia ceva timp și necesită ceva muncă, dacă vrei să înțelegi cu adevărat tema unei întregi cărți. Cu toate acestea, eu cred că este un pas important să ne rugăm să ne punem următoarea întrebare: „Cum se relaționează pasajul meu – și în mod particular acea idee descoperită în structura lui – acestei teme mai largi a întregii cărți?"

4. REFLECȚIA TEOLOGICĂ

În Luca 24:13-49, Isus ne învață că întreaga Scriptură se concentrează asupra morții și învierii Sale și că rezultatele acestei Evanghelii sunt pocăința și iertarea păcatelor. Fără a înțelege aceasta, ne expunem riscului de a interpreta un pasaj doar în sens moralist sau cumva separat de Evanghelie.

Așadar, este important să folosim toate instrumentele teologiei – în special ale teologiei biblice – și să ne întrebăm: „Cum se relaționează pasajul meu la Evanghelie?" Evident, există mai multe modalități în care putem să încercăm să facem acest lucru foarte greșit. De aceea, este important să facem legături legitime între textul nostru și Evanghelie.

5. SINTEZA

Odată ce ți-ai făcut lucrarea în ce privește structura, conținutul, tema cărții și teologia, este momentul să începi să sintetizezi. Fie că numești acest lucru punctul principal, tema pasajului, sau ideea centrală, este important să parcurgi acest pas final. Întrebarea pe care îmi place să mi-o pun în legătură cu acest lucru este următoarea: „Ce încerca autorul să predice primei sale audiențe?" Ce vrea să spună el? Care este ideea sa centrală?

Nu te comporta copilărește: acesta nu este un proces ușor. Acest proces îmi ia o oră sau două de pregătire pentru o discuție într-un grup mic – și probabil 12 ore pentru o predică! Dar indiferent cât de mult timp ai la dispoziție, eu cred că îți este de ajutor să lucrezi în felul acesta.

Evident, odată ce ai descoperit ideea principală, trebuie să te gândești la dezvoltarea ei până la aplicație, inclusiv. Totuși, în ceea ce privește lucrul asupra textului, iată elementele principale de la care plec:

- Cum a organizat autorul acest pasaj?
- De ce a așezat autorul aici acest pasaj, în acest punct al cărții?
- Cum se relaționează pasajul la tema întregii cărți?
- Cum se relaționează pasajul meu la Evanghelie?
- Ce încerca autorul să predice primei sale audiențe?

Dacă vrei să știi mai multe despre acest proces, îți recomand cartea lui David Helm, intitulată „*Expositional Preaching: How We Speak God's Word Today*" (Crossway, 2014).

DESPRE AUTOR
Robert Kinney este Director cu lucrarea la Charles Simeon Trust, o lucrare dedicată instruirii predicatorilor.

Despre 9Marks

Misiunea

9Marks există pentru echiparea liderilor bisericilor cu o viziune biblică și cu resurse practice pentru a reflecta gloria lui Dumnezeu înaintea popoarelor, prin biserici sănătoase.

Istoria organizației

Organizația 9Marks își are rădăcinile în lucrarea pastorală a lui Mark Dever și Matt Schmucker la Capitol Hill Baptist Church (Washington, D.C.). După zeci de ani de decădere, această congregație a cunoscut o perioadă de reformă la începutul anilor '90, sub lucrarea lui Mark și Matt. Ei n-au fost călăuziți de înțelepciunea convențională a specialiștilor în creșterea bisericii, n-au făcut sondaje de opinie, n-au creat noi programe, și nici nu s-au concentrat pe formarea unei anumite culturi. Tot ce au făcut a fost să deschidă Biblia înaintea congregației. Mark a predicat și amândoi au lucrat pentru a da bisericii un fundament conform Scripturii,

Cartea

La îndemnul lui Matt, Mark a scris și a publicat în mod independent broșura 9 semne ale unei biserici sănătoase care, la câțiva ani mai târziu, a devenit cartea cu același titlu, publicată în limba engleză de Crossway, în anul 2000. Organizația a fost înființată către finele anilor '90, cu scopul ca tot mai mulți pastori să ia parte la discuții sănătoase despre creștinism, inițiate de Mark și Matt. De atunci încoace, ea a crescut gradual tot mai mult.

Viziunea

9Marks crede că biserica locală este punctul focal al planului lui Dumnezeu de a reflecta gloria Sa printre popoare. De asemenea, noi credem în suficiența Bibliei pentru viața bisericii. De aceea, ca organizație, lucrarea noastră se concentrează pe Scriptură, biserică și pastori. Noi prețuim multitudinea vocilor și a stilurilor celor care sunt partenerii noștri, și cu care împărtășim aceeași viziune. Nădăjduim că vom continua să creștem în cunoașterea Cuvântului lui Dumnezeu și în aplicarea lui în adunarea locală. Intenția noastră este să împărtășim aceste lucruri cu ceilalți utilizând noile instrumente și platforme media, în plus față de cele existente.

Cele 9 Semne

Cele 9 Semne sunt: (1) predicarea expozitivă, (2) teologia biblică, (3) o înțelegere biblică a Evangheliei, (4) o înțelegere biblică a convertirii, (5) o înțelegere biblică a evanghelizării, (6) membralitatea bisericească biblică, (7) disciplina biblică a bisericii, (8) ucenicia și creșterea biblică a bisericii, și (9) conducerea biblică a bisericii. Acestea nu sunt singurele lucruri necesare pentru zidirea unor biserici sănătoase, ci ele sunt nouă practici pe care multe biserici din zilele noastre le-au uitat și, de aceea, este nevoie să fie readuse în atenție,

Cum se finanțează 9Marks?

9Marks se bazează pe donații din partea bisericilor și persoanelor individuale, care înțeleg natura strategică a lucrării de echipare a pastorilor și liderilor cu o viziune biblică asupra bisericii locale. Suntem profund recunoscători pentru generozitatea tuturor celor care contribuie la această lucrare.

9Marks în limba română

Începând cu anul 2016, 9Marks a lansat lucrarea sa în limba română, având ca scop echiparea pastorilor și a liderilor din comunitățile de credință vorbitoare de limba română din România, Moldova și diaspora. De-a lungul următorilor ani, 9Marks dorește să publice o varietate de resurse noi în limba română - cărți, articole, reviste, resurse audio și video-, să organizeze conferințe și să încurajeze relații sănătoase între pastorii români, spre zidirea bisericilor sănătoase, care Îl glorifică pe Dumnezeu.

---

www.9marks.org | revistarom@9marks.org

Pentru mai multe informații despre Revista 9Semne,
ne puteți contacta la adresa de email revistarom@9marks.org. Suntem aici pentru a vă sluji.

Dacă nu este altfel specificat în text,
citatele biblice sunt preluate din traducerea Cornilescu, revizuită.

9Semne

Zidind Biserici Sănătoase

ZIDIND BISERICI SĂNĂTOASE

9Marks există pentru echiparea liderilor bisericilor cu o viziune biblică și resurse practice în vederea glorificării lui Dumnezeu între națiuni, prin intermediul bisericilor sănătoase.

În acest scop, dorim să vedem bisericile caracterizate de următoarele nouă semne ale sănătății:

1. Predicarea expozitivă
2. Teologia biblică
3. Înțelegerea biblică a Evangheliei
4. Înțelegerea biblică a convertirii
5. Înțelegerea și practicarea biblică a evanghelizării
6. Membralitatea biblică în biserică
7. Disciplina biblică a bisericii
8. Ucenicizarea biblică
9. Conducerea biblică a bisericii.

La 9Marks noi scriem articole, cărți, recenzii de carte și un jurnal online. Găzduim conferințe, înregistrăm interviuri și producem diferite alte resurse pentru a ajuta bisericile să reflecte gloria lui Dumnezeu.

Vizitați siteul nostru pentru a descoperi conținut în mai mult de **30 de limbi** și înregistrați-vă pentru a primi gratuit jurnalul nostru online. Vedeți lista completă a siteurilor noastre în alte limbi aici:

9marks.org/about/international-efforts/

9marks.org